JN081341

北海道建築さんぽ

HOKKAIDO
ARCHITECTURAL
WALKS

★

札幌、小樽、函館

文＝佑季
写真＝浜田啓子

目次
INDEX

1
SAPPORO

札幌郊外
AROUND SAPPORO

装丁＝檜垣有希　イラスト＝小池ふみ

はじめに

　札幌の街を歩いていると、歴史的建造物に星のマークがあるのに気づく方も多いだろう。このマークは「五稜星」。かつての開拓使のシンボルで、開拓期に道しるべとなった北極星をデザインしたものだ。開拓使に関わる建物にはこの五稜星の飾りがついているので、札幌のレトロ建築を巡る時にはこのマークを探してみるのも宝探しのようで面白い。

　1876年に建設された開拓使麦酒醸造所を再利用した商業施設サッポロファクトリーは、蔦の絡まるレンガの外壁に五稜星の飾り窓がアクセントとなっている。旧札幌製糖工場を再利用したサッポロビール博物館には、建物の内部から見ると、赤いガラス製の星が鉛の枠で縁取られるという凝ったつくりのステンドグラスがある。他にも札幌を代表する建物の一つ北海道庁旧本庁舎や、豊平館、清華亭、北大植物園のなどの建物にも五稜星の姿がある。

　札幌の建築の特色としてもう一つ忘れてはいけないのが、2018年に北海道遺産に選定された「札幌軟石」だ。札幌市南区で産出する凝灰岩の石材で、適度な硬度や保温性などから、明治期の開拓時代から昭和初期にかけて、札幌近郊で建築材料として多用された。札幌市資料館や日本基督教団札幌教会礼拝堂、旧小樽新聞社などに見ることができる。フランク・ロイド・ライトが旧帝国ホテルに使用した大谷石よりもキメが細かく、年月を経て独特の風合いをもつところが特徴だ。

　小樽の港に近い色内通りは、かつて「北のウォール街」と呼ばれ、数々の銀行が並び立っていた。そのいくつかは現在も残り、小樽全盛期の歴史を伝えている。曽禰達蔵が手がけた三井銀行小樽支店（現小樽芸術村 旧三井銀行小樽支店）はルネサンス様式が取り入れ

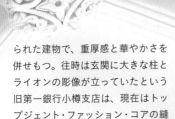

られた建物で、重厚感と華やかさを併せもつ。往時は玄関に大きな柱とライオンの彫像が立っていたという旧第一銀行小樽支店は、現在はトップジェント・ファッション・コアの縫製工場として活躍中だ。

また、戦後の建築としては小樽地方貯金局（現市立小樽文学館／美術館）があり、貴重なモダニズム建築に実際に足を運ぶことができる。このように近代建築がこれほど密に集中した景観は、全国でも珍しい。

開港以降、外国文化が流入した函館の中でも、とりわけ西部地区は、坂の多い街並みに異国の香り漂うクラシカルな建物が佇む様子が印象的だ。建物の1階部分は引き戸の出入り口や格子窓のある和風、2階には洋風装飾を施した縦長の窓や、外壁をパステルカラーなどに仕上げた「上下和洋折衷（擬洋風）」と呼ばれる建築物が見られるのは函館ならでは。地元の大工さんが外国人の指導

を受けながら洋風の建築様式を習得し、明治後期から大正時代にかけてこのような住居や商家建築が数多くつくられた。旧茶屋亭はその代表的なものだ。

また上下に分かれていなくても、函館市旧イギリス領事館、旧函館区公会堂はコロニアルスタイルに和風意匠があしらわれ、ロシアの建物を見本にしたという大正湯は、パステルピンクの洋風建築に切妻破風や玄関の引き戸が自然と溶け込んでいる。

「和洋折衷」がキーワードとなる函館の街並み。建物によってどのように「和」と「洋」の要素が掛け合わされているのか、街歩きの際に観察してみるのも楽しいだろう。

＊本書の情報は2020年4月現在のものです。建物の改装・改築や、公開日時等が変動することもありますので、事前に最新情報を確認の上お出かけください。

＊一般公開されていない建物の場合、無断で敷地内に立ち入らないようご注意ください。

1

SAPPORO

|MAP|
001

聖ミカエル教会

途中で勾配が変わる屋根のシルエットが特徴的。

レーモンドが北海道に残した小さな教会

閑静な住宅街のなか、ひときわ目を引く木造の三角屋根。チェコ出身の建築家・アントニン・レーモンドが北海道に唯一残したのがこの教会だ。レーモンドはプラハの大学で建築を学んだ後、フランク・ロイド・ライトが帝国ホテルを設計する際にライトとともに来日。その後東京で設計事務所を開いて独立し、日本で数多くの建築を残した。

レンガの壁は少しずつ斜めにずらして立てられているため、

教会の中に入ると壁の間のスリットから柔らかな光が差し込む。建物のアクセントとなっている正面ガラスの和紙のスクリーンはレーモンドの妻・ノエミによる演出で、円と正方形の十字架をモチーフにした幾何学模様はまるでステンドグラスのよう。屋根を支える丸太の小屋組には北海道産エゾ松が用いられている。地元の素材を使った教会からは、レーモンドの日本に対する深い愛情が感じられる。

壁を支える三角形のバットレス（控え壁）も建物の名脇役。

竣工 1960年　設計 アントニン・レーモンド
📍 札幌市東区北19条東3丁目4-5　🚇 地下鉄南北線「北18条」徒歩約15分　🕐 9:00〜17:00

　教会に集う人々の精神を支えるような、力強い丸太の小屋組。

|MAP| 002
清華亭

この辺りはかつてシャクコトニ川の流れる清らかな土地だったそう。

明治天皇が休憩された、和洋折衷の貴賓接待所

　北大キャンパスを出て札幌駅方面へ歩いて行くと見えてくる、緑の中に佇む木造の建物。この清華亭は、明治初期に開拓使の貴賓接待所として建てられたもの。明治天皇が札幌行幸の際に休憩所としても利用された。

　清華亭はもともと札幌初の都市型公園、「偕楽園」の中にあった。開拓使のドイツ人造園家ルイス・ベーマーによって設計された庭園は、当時の札幌市民の憩いの場だったが、1886年に廃園となる。その後は荒廃していたが、保存運動によって1961年に清華亭が市の有形文化財に指定された。

　建物は和と洋の要素をあわせもち、漆喰塗りの洋室と和室はつながっていて直接出入りできる。和室の縁側から緑豊かな庭園を眺めて、明治の風景に思いを馳せてみてはどうだろう。

玄関屋根の五陵星は、日光で壁にその影が映し出される凝ったデザイン。

(1)

(2)

(1) シャンデリアが上品な印象の洋間。庭に面して大きなベイウィンドウ（張り出し窓）が。(2) 和室は15畳の広さをもつ書院座敷。

竣工 1880年　設計 開拓使工業局営繕課　♀札幌市北区北7条西7丁目
🚃 JR「札幌」徒歩約10分　⏱9:00〜16:00（年末年始休）　🆓無料

|MAP| 003

北海道庁旧本庁舎

ネオ・バロック様式の堂々たる印象の外観。

(1)

(2)

(1) 正面玄関のアーチには札幌硬石が用いられ、赤レンガと好対照。(2) 右奥にあるのは換気筒。1968年に創建時の姿に復元された。

赤レンガと八角ドームが風格を漂わせる北海道のシンボル

「赤レンガ庁舎」として親しまれている北海道庁旧本庁舎。設計者の平井晴二郎は、アメリカ留学でレンガ建築を学んだ経験を生かして旧本庁舎の設計にあたった。華やかな印象の赤レンガは地元札幌の工場でつくられ、「フランス積み」という手法で職人によって積み上げられた。

当時の技術を駆使してつくり上げられた建物だが、1909年には内部をほぼ全焼する火災に見舞われる。また建物のシンボルともいえる八角ドームは竣工のわずか8年後、構造上の欠陥により撤去され、その後70年以上ドームのない状態が続いた。1968年に開道百年を記念して創建時の姿に復元、八角ドームも見事に再現され、翌1969年には国の重要文化財に指定される。ここを訪れると厳粛な気持ちになるのは、光と影の時代を経てきた歴史の重みによるものなのかもしれない。

　マンサード屋根の下には開拓使のシンボルである赤い星が輝く。

玄関ホールを入ると、まるで劇場のような三連アーチが出迎えてくれる。

2階の廊下部分。手前の防火扉は、1909年の火災をきっかけとして設置された。

(1)

(2)

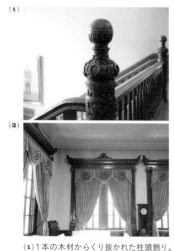

(1)1本の木材からくり抜かれた柱頭飾り。
(2)歴代の長官や知事が執務した部屋。

竣工 1888年　設計 北海道庁土木課（平井晴二郎）　♀ 札幌市中央区北3条西6丁目
🚇 地下鉄南北線・東豊線「さっぽろ」徒歩約8分　＊現在改修工事のため一時閉館中。2022年完成予定。

SAPPORO 重厚感ある正面階段に、窓から柔らかい光が降り注ぐ。

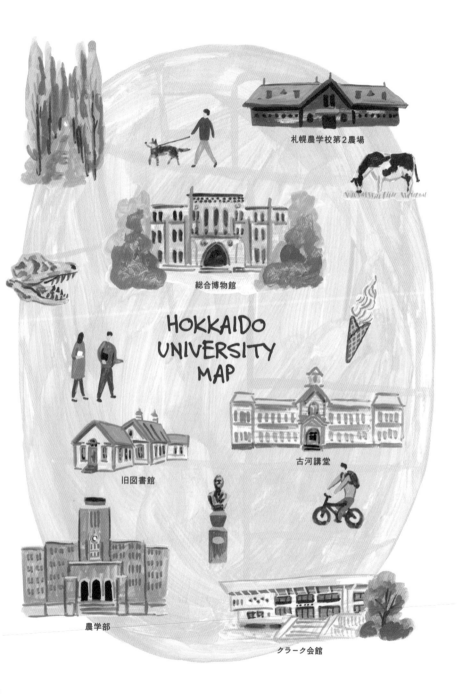

札幌農学校第2農場

HOKKAIDO
UNIVERSITY
MAP

総合博物館

旧図書館

古河講堂

農学部

クラーク会館

|MAP|
004

北海道大学

総合博物館

窓上部の半円アーチに、ロマネスク様式の要素が見られる。

白いドーム型の天井が美しい、北大の知の殿堂

中央部玄関のゴシック風尖塔アーチ。

　広大なキャンパス内に点在する歴史的建造物の中でもとりわけ重厚なこの建物は、もともと理学部本館として建てられたもの。1999年から総合博物館となり、貴重な学術標本や北大の歴史資料などを公開している。

　建物の一番の見どころは、中央階段室の天井、通称「アインシュタイン・ドーム」。開放感のある吹き抜けを取り囲むように、四方に「果物」「向日葵」「蝙蝠」「ふくろう」の陶製レリーフが飾られている。設計者の発案によってフランス人職人が製作

したもので、それぞれ朝、昼、夕方、夜を意味し、昼夜の区別なく学問研究に励んでほしいという想いが込められている。

📍札幌市北区北10条西8丁目北大構内
🚉JR「札幌」徒歩約10分
🕐10:00〜17:00（6月〜10月の金曜日は21:00まで。月休）＊祝日の場合は翌平日、臨時休館あり　💴無料

　　　　　竣工 1929年　設計 北海道帝国大学営繕課（萩原惇生）

「アインシュタイン・ドーム」の、伸びやかに広がるリブヴォールトの空間。

|MAP| **005**

北海道大学 **クラーク会館**

グラフィカルなパターンがあか抜けた印象の壁面。

南面の窓全体から光を取り込む吹き抜けのホール。キャンパスの緑に包まれているよう。

北大でミッドセンチュリーモダンに出会う

重厚感のある歴史的建造物が立ち並ぶ北大キャンパスの中では、異色のモダンな建物。北大の創基*80周年時に、札幌農学校初代教頭クラーク博士を記念して建てられた、国立大学では初めての学生会館だ。

建物は3階建てだが、前面道路から2メートルほど低い敷地に建てられているため、北側の正面入り口から見るとまるで2階建てのように見える。外観は北海道らしい広いキャンパスによく似合う水平線が強調され、外壁は大きく張り出した軒庇（のきびさし）に

よって風雨から守られている。

設計者の太田實は、戦後北海道の建築デザイン界を牽引した一人。この建物の設計のために学生の課外活動の実態調査を行ったというだけあり、お昼時に賑わうクラーク食堂や、リクルートスーツに身を包んだ学生が出入りするキャリアセンターなど、学生の活動や交流のために必要な機能がここに集められている。

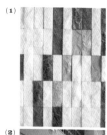

(1) アースカラーでシックにまとめられたタイル。(2) 階段横の陶製施釉ホローブロックが軽快さを生む。

*現学校のルーツとなった学校の起源に遡った創立のこと。

竣工 1959年　設計 太田實＋北海道大学太田研究室

(1) (2)

(1) 光沢のあるオ
レンジ色の扉が昭
和レトロな雰囲気。
(2) ヴィヴィッドな
色使いが目を引く
地下のドアと壁。

地下へと降りる螺旋階段。亜麻色の壁がぬくもりを感じさせる。

|MAP| 006

北海道大学 第2農場

ノスタルジックな雰囲気に包まれる、
北海道の畜産発祥の地

　森の中に赤い屋根の建物が並
ぶ様子は、まるで絵本の中に迷
い込んだよう。キャンパス北部
に位置する第2農場は、札幌農
学校開設当時、クラーク博士の
構想により一戸の畜産農家をイ
メージしてつくられたもの。農
業実習施設でありながら、日本
農業近代化のモデルにもなった。
建物群の中でも見どころとなる

モデルバーン（模範家畜房）は、
板材を並べて打ち付けて天井や
壁をつくるため太い梁や柱がな
く、薄手の板で造られるバルー
ン（風船）フレーム工法で建て
られている。モデルバーン、穀
物庫、牧牛舎の屋内公開は夏季
のみだが、屋外は通年見学でき
るので、ぜひ散歩がてら足を延
ばしてみてほしい。

(1)
(2)

(1)奥に見えるのが、日本で現存最古となる石造円筒形サイロ。(2)モデルバーンの壁面にある、牛の頭部の飾り。

竣工 1909年（牧牛舎）
設計 W・ホイラー＋開拓使工業局営繕課（安達喜幸）
🚇 地下鉄南北線「北18条」徒歩約10分

かつて農夫たちの溜まり場にもなっていた、札幌軟石の釜場。

竣工 1909年
設計 文部大臣官房建築課札幌出張所（新山平四郎）
＊外観のみ見学可

|MAP| 007

北海道大学

古河講堂

白壁が緑に映える
元林学教室

　爽やかな色使いのこの建物の特徴は、正面二階部分の半円形の窓で、建築学的にテルマエ窓と呼ばれている。テルマエとはローマ時代の公共大浴場のことで、ローマ時代の大浴場で使われた窓と同じ形のものが北大構内で見られるとは不思議な気分だ。元々は林学教室として建設されたもので、テルマエ窓下の銘板が古河家の寄贈であることを伝えている。

|MAP| 008

北海道大学 旧図書館

北大の歴史とともに
歩んできた小さな建物

　赤い屋根にピンク色の建具が可愛らしい。1916年に中央講堂が建設されるまでは、ここで入学・卒業式などの行事も行われていた。その後現附属図書館の完成まで北大の中央図書館として使われ、さらに1986年までは農学部図書館として利用されていた。正面玄関部分は増築されたものだが、違和感なく溶け込んでいる。

竣工 1902年
設計 文部大臣官房建築課札幌出張所（中條精一郎）
＊外観のみ見学可

|MAP|
009

北海道大学
農学部

春のトンネルの向こうに時計台が顔をのぞかせる

中世風の意匠が美しい、北大キャンパスの名建築

クラーク像付近のロータリーから続く並木道を歩いて行くと、時計塔が空に浮かぶ農学部本館が見えてくる。垂直性を強調した窓や装飾を省いた外観はモダニズム風だが、中に入ると扉や玄関、照明などはゴシックやロマネスクといった中世の様式を取り入れたデザインで、そのコントラストが面白い。建物のシンボルとなる時計塔も当初はゴシック風となる計画だったが、工事中に現在のデザインに変更

された。竣工間もない1936年の陸軍特別大演習では昭和天皇が滞在し、3階を寝室、食堂に利用されたという。

内部の講堂や中央階段、エントランス、会議室などの歴史的な内部空間は保存しつつも、現在は教育・研究施設としての最新機能も備えている。2010年には長期にわたって維持・保全に努めた建物に与えられるBELCA賞のロングライフ部門を受賞した。

(1) (2)
(3) (4) (5)

(1) 脇玄関にあるスペイン風デザインの扉。(2) クラシカルな雰囲気のエントランス。(3) 地下にある水廻りの凝ったタイル装飾。(4) 黒い鉄製の螺旋階段は4階から屋上までつながっている。(5) 中世風意匠が取り入れられた階段の手すり。

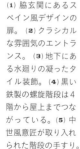

竣工 1935年　設計 北海道帝国大学営繕課（萩原惇生、岡田鴻記）

|MAP| 010

ぶあいそ別邸

柄の違ううすりガラスをパッチワークのように仕立てた、メインホールの窓。

札幌軟石の堀に囲まれた建物。

北大教授の邸宅をリノベーションした、隠れ家のような料理店

清華亭などでも見られる、玄関の十字架の飾りがここにも。

　北大南門の近くにひっそりと佇む、和洋折衷の一軒家。ここは北海道大学名誉教授でもあった昆虫学者、松村松年博士の住居を改装した料理店だ。

　店に入ってまず案内される玄関脇のウェイティングルームは、いかにも元学者の住まいらしい、書斎のような空間。その先の個室や離れも一つ一つ趣が異なるが、なかでも華やかなのが明治時代の社交場「鹿鳴館」をイメージしたというメインホール。梁がむき出しになった天井が開放感を感じさせ、レトロモダンなインテリアが歴史ある建物によく映える。札幌駅からすぐ近くとは思えないゆったりした空気も魅力のひとつ。窓から庭園の四季折々の風景を眺めつつ、もつ鍋などの美味しい食事を楽しめる貴重な空間だ。

竣工 1903年　♥ 札幌市北区北8条西5丁目　🚃 JR「札幌」徒歩約7分
🕐 11:30〜15:00（L.O.14:30）、17:00〜23:00（L.O. 22:30）

|MAP| 011

札幌北一条教会

ライトの遺産を受け継ぐ、田上義也の代表作

多角形の組み合わさった窓が軽快なリズムを奏でている。

1523本のパイプをもつ、ドイツのケーベル社製のパイプオルガン。

大理石に囲まれた、スリムな形の十字架が現代的。

北一条通りを歩いていると目に留まる、白いモダンな外観の教会。自身がキリスト教徒でもあった田上義也による設計の建物だが、この北一条教会はもともと北1条西6丁目にあり、長く市民に愛されていた。

1979年に旧会堂は解体され

絨毯の幾何学模様がライト風の椅子によく合っている。

て同年に現在地に移転、再び田上が設計を手がける。旧会堂の建築モチーフを受け継ぎ、椅子やステンドグラスも移設され、モダンな教会として甦った。天に向かってのびるシャープな尖塔がこの教会の顔だが、礼拝堂内部にも田上らしいデザインが随所に見られる。天井や窓の造形からはライトの影響が顕著だが、田上の初期の作品に比べると、より削ぎ落とされたデザインとなり、自らの作風を模索していたことが感じ取れる。礼拝堂に美しく響き渡るパイプオルガンの音色を聴いていると、不思議と心が洗われるようだ。

旧会堂から移設されたステンドグラス。黄色と緑の色使いが植物の模様のよう。

竣工 1979年　設計 田上建築制作事務所
📍 札幌市中央区北1条西13丁目2　🚇 地下鉄東西線「西11丁目」徒歩約7分

SAPPORO 舟を思わせる、空に向かって伸びる白い尖塔。

|MAP| **012**

北菓楼 札幌本館

安藤忠雄がリノベーションを手がけた大正時代の建物

2階の吹き抜けのカフェには、図書館だった歴史を記憶するための大きな本棚が、

旧道庁立図書館だった建物を建築家・安藤忠雄が店舗へと改装し、2016年に北菓楼札幌本館としてオープン。幾何学的なデザインが特徴のセセッション様式の外壁と階段室を補強・保存し、建物奥の部分は新しく建て替えられた。

改装された店内は3階分の高さの吹き抜けをもち、カフェスペースとなっている2階からは保存されたレンガ壁が見える。新旧が調和した空間のポイントとなるのが、天井まで続く壁一面の本棚。テントのような柔らかさを感じさせる白い天井のもと、本を読んだり、道産素材のお菓子を味わったり、思い思いに過ごしたい。

札幌本館限定のクロワッサンシュークリーム。

竣工 1926年　設計 北海道庁建築課（萩原惇正・久保田・内田）
♦札幌市中央区北1条西5丁目1-2
🚇地下鉄南北線・東西線「大通」徒歩約5分　●1F店舗／10:00〜18:00、2Fカフェ／10:00〜17:00

上部正面のメダリオンと葉飾りが優雅な旧玄関ホール。

SAPPORO 複数階をジャイアントオーダー（柱）がつなぐ、重厚な古典様式の建築。

|MAP| **013**

豊平館

1958年に現在の場所に移築。水面に映し出される姿も堂々としている。

半円形の車寄せの上部はバルコニーとなっている。

ウルトラマリンブルーが美しい、文明開化の文化遺産

ギリシャ・コリント様式の柱頭にはアカンサス模様の彫刻が施されている。

　中島公園の緑の中に佇む、淡いブルーと白が爽やかな洋館。この「豊平館」は開拓使時代に明治政府によってホテルとして建てられ、国の重要文化財にも指定されている。明治・大正・昭和の3代にわたって天皇が滞在された由緒ある建物だ。

　アメリカの建築様式の影響を受けながらも、日本の伝統技術を駆使しているのが見どころのひとつ。正面屋根の唐破風(からはふ)

飾りや懸魚(げぎょ)などの和風デザインが、洋館に違和感なく溶け込んでいる。

　当時の札幌はハイカラな街で、鹿鳴館よりも2年早くできたこの建物では、シャンデリアの下で舞踏会なども開かれたという。重厚感のある赤い絨毯を踏みしめると、不思議と華やかな気持ちになれる。ここが札幌の街の中で、長くハレの場として継承されてきたことが感じられる。

美しい曲線を描くロビーの階段と手すり。

東京赤羽工作分局でつくられたシャンデリアは、明治期にはローソクを灯していた。

(1) (2)
(3) (4)

シャンデリアの吊り元にある天井中心飾りは部屋ごとにモチーフが異なる。(1)2階ホールの「鳳凰」。(2)下ノ廣間の「蝦夷菊」。(3)椿の部屋の「椿」。(4)2階広間のモチーフの一つ「大菊」。

竣工 1880年　設計 開拓使工業局営繕課（安達喜幸）　♀札幌市中央区中島公園1-20
🚇地下鉄南北線「中島公園」徒歩約5分　●9:00〜17:00（毎月第2火曜日休）＊火曜日が祝日の場合は翌日
●個人300円、団体（20人以上）270円、中学生以下無料

048 | 049 SAPPORO

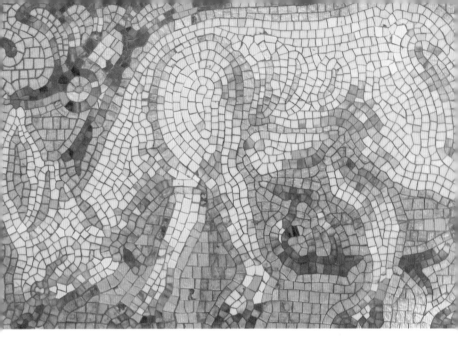

|MAP| **014**

丸井今井
札幌本店一条館

(1)　　　　　　　　(2)

(1) 大理石が使用された、1階南東にある階段。
(2) 9階エスカレーター脇の赤い大理石をよく見てみるとウミユリの化石が点在している。

老舗デパートの片隅に残るレトロモダン

大型百貨店やショッピングビルがひしめき合う大通の一等地にあり、昔も今も変わらず人々がショッピングを楽しむ丸井今井札幌本店一条館。1924年に焼失した店舗に変わり、1926年に竣工。創建時は鉄筋コンクリート4階建てで、北海道で初めて客用エレベーターを採用した百貨店建築だった。

その後増築を繰り返し、現在は構造体が残るのみだが、実は

竣工 1926年　設計 遠藤於菟
📍 札幌市中央区南1条西2丁目　🚇 地下鉄南北線・東西線「大通」直結　🕐 10:30～19:30

9階と10階の間に展示されているモザイク画。1937年の増築時のものと言われている。

そんな歴史を感じさせるディテールが今も残る。9階と10階の間に飾られているモザイク画や、1階の大理石の階段やレトロなランプなどがそうだ。現代的なデパートの中に、往年の百貨店建築の名残を探してみよう。

手すりには滑り止め兼装飾の木製飾り。

レトロなランプは真鍮製。

|MAP|
015

日本基督教団 札幌教会礼拝堂

灰色の札幌軟石の壁に、青い屋根が映える。

中世建築への憧れを形にした、札幌軟石造の礼拝堂

創成川沿いを散歩しているといつも目に留まる、中世風の青い屋根の教会堂。この札幌教会礼拝堂は、キリスト教信者であり北海道庁の職員でもあった間山千代勝によって設計された。前身の木造教会は竣工後わずか6年で火事によって焼けてしまい、その反省からか、新しい礼拝堂は木骨石造で建てられた。

外壁に使われているのは、2018年に北海道遺産に選定された札幌軟石。どっしりとしたロマネスク風の建物だが、尖ったアーチを描く窓や簡略化された円形のバラ窓はゴシック風で、ヨーロッパ中世の2つの建築様式が不思議と調和している。教会建築にありがちな左右対称形を避け、正面左手に尖塔があるところにも設計者の個性が感じられる。

(1) 白と青の組み合わせが爽やかな印象の入り口。
(2) ゴシック風の尖りアーチ窓。

カラフルな円形のバラ窓が建物のアクセント。

竣工 1904年　設計 間山千代勝　♥札幌市中央区北1東1-3
🚇地下鉄東西線「バスセンター前」徒歩約5分
＊外観のみ見学可（日曜礼拝などを除き、内部の一般公開なし）

|MAP| **016**

旧永山武四郎邸

玄関の十字架の妻飾りが特徴的。

（1）

（2）

（3）

和と洋が絶妙に混ざり合う、「屯田兵の父」の自邸

　サッポロファクトリーにほど近い、緑豊かな永山記念公園を歩いていると、敷地内に和洋折衷のお屋敷が見えてくる。これは明治時代に永山武四郎の自邸として、当時流行の洋風デザインを取り入れて建てられたもの。

　北海道屯田兵育ての親として知られる永山武四郎は、屯田兵司令官、第二代北海道庁長官を歴任した人物。当時、道外から赴任してきた役人には住居が用意されていることが多く、札幌に自邸を建てるのは珍しいことだったそう。

　南側の庭園に面して並んだ洋風の応接間と書院座敷の二部屋は、引き込み戸によって直接つながっているのが面白い。他にも、外から見ると洋風の張り出し窓だが、中を見れば和室だったりと、過渡期の和洋折衷住宅として見どころの多い建物だ。

縁側に配された重厚な石階段。

東側の大きなベイウインドウ（張り出し窓）は、清華亭のものとよく似ている。

（1）赤い絨毯が重厚感のある、洋風応接室。（2）書院座敷の和室。（3）和室と洋室をつなぐ出入口には、両側に引き分ける唐戸がついている。

竣工 1880年頃　設計 不詳　♥ 札幌市中央区北2条東6丁目9-22
🚇 地下鉄東西線「バスセンター前」徒歩約10分
🕘 9:00〜22:00（毎月第2水曜日、年末年始休）　💴 無料

|MAP| **017**

旧三菱鉱業寮

菱形のハーフティンバーの装飾が、まるでヨーロッパの建物のようだから不思議

(1) (2)

(1) 2階和室の縁側。(2) 三菱鉱業寮時代、憩いの空間として使われていたホール。

昭和初期のモダンデザインを堪能できる、パステルカラーの洋館

旧永山武四郎邸の北側にある2階建の洋館は、炭鉱事業や金属鉱業などを行っていた三菱鉱業株式会社によって増築された「旧三菱鉱業寮」だ。このような民間企業の倶楽部が現存する例は道内に少なく、建築的価値も高い。

この建物は三菱鉱業の職員が出張や研修で札幌を訪れた際の宿舎として使われていた。パステルグリーンの下見板壁と白漆喰壁が爽やかな印象の建物で、窓の外にある植木鉢などを置くための窓台も、外観のデザイン

を引き立てている。中は宿泊室、従業員室、電話室、応接間などになっており、現在は1階にはカフェ、2階にはまちの図書室やギャラリーが入り、3つの和室は貸室としてイベントなどにも使用されている。

レトロな電話室は寮として使われた時代の名残だ。

昭和初期のモダン住宅でよく見られる丸窓。

竣工 1937年頃　設計 不詳

ロイヤルブルーの絨毯が空間をきりりと引き締める。

|MAP| **018**

和洋折衷喫茶
ナガヤマレスト

**昭和モダンな空間で、
和洋折衷のメニューが
味わえるカフェ**

　旧三菱鉱業寮玄関の手前にある階段をさらに奥に進むと、併設のカフェ「和洋折衷喫茶 ナガヤマレスト」がある。中に入る

壁に貼られたカフェのロゴは、
写真撮影に人気のスポット。

公園の緑に包まれたテラス席も人気。

と、古い建物の雰囲気を大切にしながらも、現代の感性でデザインされた空間が広がる。

このカフェでは、この場所で味わうのにぴったりな和洋折衷のメニューや、ビーフシチューなどの昔懐かしい味わいの洋食を提供している。ソフトクリームやサンドイッチなどのテイクアウトメニューも豊富なので、お天気のいい日はテラス席で過ごしてみてはどうだろう。四季折々の表情を見せる永山記念公園や敷地内の歴史的な建物を眺めながら、ゆったりとした時間が過ごせるはず。

1930年代に流行したアール・デコ様式の丸窓が、建物のアクセントに。

|MAP|
019

札幌市資料館

大通公園の端に建つ、
古城のような元裁判所

屋根の上には空に輝く五稜星が。

外壁に使われた
札幌軟石が元裁
判所らしい重厚
感を醸し出す。

正面玄関上部に
は、目隠しをし
た女神首像。左
右には公平を表
す天秤と正義を
表す剣が。

アーチの上の要
石と半円形の窓
がエレガントな
雰囲気。

(1) (2)

(1) 建物の裏側に
周ると、中世ヨー
ロッパのお城のよ
うな風景が現れる。
(2) 刑事法廷展示
室の判事の席。

大通公園の西端に建つ、左右
対称のどっしりとした建物。札
幌市資料館として利用されてい
るこの建物は、もともと札幌控
訴院（裁判所）として建てられ
た。一見すると石造だが、外壁
は札幌軟石とレンガを組み合わ
せた組積造、床や柱は鉄筋コン
クリート造の混合構造で、当時
としては新しい建築手法が取り
入れられている。

外観は装飾が少なく色彩も抑
えられているが、中に入ってみ
ると、優美な曲線を描く螺旋階
段や色鮮やかなステンドグラス
など、大正モダンの薫りが漂う。

初夏の頃、バラが咲き乱れる
大通公園を背景にした札幌市資
料館は、まるでヨーロッパのお
城のような雰囲気も感じさせる。
この街になくてはならない、美
しい建築物の一つだ。

縦長の窓と赤い
カーテンが印象
的な刑事法廷展
示室。

竣工 1926年　設計 司法省営繕係
札幌市中央区大通西13丁目　地下鉄東西線「西11丁目」徒歩約5分　9:00〜19:00

落ち着いたモスグリーンの外観が木々の緑に溶け込む。

|MAP| 020

北大植物園

博物館事務所
の庇（ひさし）には珍し
い形の五稜星
の飾りが。

深い森の中に点在する
貴重な文化財

　ビルやホテルが建ち並ぶ札幌
の中心部に広がる大きな森。北
大の付属植物園は都心のオアシ
スのような存在だが、園内に佇
む建物群も大切な遺産だ。
　一番目を引くのが、国の重要
文化財にも指定されている現役
の博物館だ。建物の中央部を二
階建てにしたスタイルは、どこ
となく中世ヨーロッパの教会建

竣工 1882 年（博物館旧本館）　設計 開拓使工業局営繕課（ベートマン原案）

元は札幌農学校の植物学教室だった宮部金吾記念館。　　簡素な木造2階建てのバチェラー記念館。

築を思わせる。

　博物館の西隣に建つのは、アイヌ文化の研究やキリスト教布教で知られるバチェラー博士の元邸宅。そして正門近くに咲き乱れる札幌最古のライラックのすぐそばには、初代植物園長の宮部金吾博士を記念した宮部金吾記念館がある。歴史ある建物を眺めつつ緑の中を散策していると、まるで明治時代にタイムトリップしたような気分が味わえる。

(1)　　　　　　　　(2)

(1) 博物館付属のトイレも重要文化財だ。(2)博物館内ではヒグマなど動物の剥製の展示が見られる。

📍札幌市中央区北3条西8丁目　🚇 JR「札幌」徒歩約10分
🕐夏季9:00〜16:30（季節・曜日により変動。月休。祝日の場合は翌日）

|MAP| **021**

旧小熊邸

応接間の窓ガラスに施された美しい植物模様は見どころの一つ。

かつてアトリエとして使われていた2階の部屋。

山麓の緑に包まれる青い屋根。雪国ならではの急勾配だ。

復原された照明器具が空間のアクセントに。

幾何学的デザインの窓が美しい、雪国式造形の住宅

　藻岩山の麓のロープウェイの駅へ向かう坂を登ると、右手に青い切妻屋根の建物が見えてくる。この建物は元々、1927年に北大教授・小熊捍の自宅として現在の中央区南1条に建てられていた。フランク・ロイド・ライトの弟子、田上義也による設計で、水平線を強調した下見板張りの腰壁をはじめ、至る所にライトの影響を感じさせる。一番の見どころは冬の陽光を取り込む大きな窓。亀甲型の窓ガラスに施された植物模様は、外の緑と調和して美しい光に包まれる。

　1998年に解体されたが、外観を忠実に再現して現在の場所に移築され、19年に渡って「ろいず珈琲館」として親しまれてきた。2018年4月からは釣具店「ドリーバーデン」として再出発し、喫茶スペースではお茶を楽しむこともできる。

角度の違う勾配でできた2階天井。

竣工 1927年　設計 田上義也　📍札幌市中央区伏見5丁目3-1
🚃市電「ロープウェイ入口」徒歩約8分　🕐11:00〜20:00（木休）

札幌郊外
AROUND SAPPORO

|MAP| **022**

六花文庫

青々とした街路樹に、蔦で覆われた建物が溶け込んでいる。

吹き抜けの空間に、ずらりと並ぶ蔵書が圧倒的。本は閲覧のみで貸し出しは不可。

コーヒーと六花亭のチーズサブレ「リッチランド」が15時半まで楽しめる。

(1)

(2)

コーヒー片手に「食」の世界が楽しめる、蔦の絡まるブックカフェ

真駒内駅を降りて、1972年に冬季五輪のために整備された団地を通り抜け、気持ちのいい緑道を歩いていると、蔦がモサモサと絡まった建物が見えてくる。ここは北海道の製菓メーカー、六花亭が2004年に開店したブックカフェ「六花文庫」だ。周辺には整形外科や内科など病院が集まっており、この六花文庫も、元は歯科医院だったという築約70年の建物を改装したもの。歯科医院時代からある蔦は、今も建物のシンボルとして大切に手入れされている。

カフェといっても提供されるのはコーヒーと焼き菓子のみで、主役は本棚に並ぶ約7000冊もの本だ。本棚を眺めていると、お菓子作りの本や料理雑誌など、「食」にまつわる本ばかりということに気づく。朝からコーヒー片手に本の世界に浸るご近所の方や、勉強のために訪れる学生など、地域の人々の憩いの場になっている。

(1) 薪ストーブ前の席は冬に人気。パチパチという音をBGMに読書に没頭できる。(2) 窓から気持ちのいい木漏れ日が。秋には蔦が紅葉して美しいのだそう。

竣工 1951年
設計 太田理加設計室
📍 札幌市南区真駒内上町3丁目1-3 🚇 地下鉄南北線「真駒内」徒歩約12分
🕐 11:00〜16:00 (4月〜10月／月・日休、11月〜3月／月・火・日休)

|MAP| 023

上遠野徹自邸

寒冷地ならではの住まいを追求した実験住宅

鉄骨、レンガ、ガラスの異素材が見事に調和している。

　川沿いの住宅街を通り、カラ
マツの林を抜けると静かに佇む
のが、建築家の上遠野徹が北海
道の素材を使ってつくった自邸
だ。外観でまず目を引く鉄骨の
柱は、室蘭で製造されたコール
テン鋼。レンガは野幌の焼き過
ぎレンガを使用し、釉薬が塗ら
れたことでまるで焼き物のよう
な独特の表情を見せている。

　2003年にはDOCOMOMO
100選に選出されるなど、アメ
リカのモダニズム建築の影響を
感じる住宅だが、注目すべきは
北海道の厳しい冬を乗り切るた
めの断熱技術だ。電気式暖房が
まだない時代、南側に縁側のよ
うな空間をつくることで光を採
り入れ、障子やペアガラスを窓
に使うことで冬でも暖かい空間
を実現した。美しさと快適さの
両立を実現した先進的な住宅は、
50年以上たった現代でも古さ
を感じさせない。

(1)

(2)

(3)

(4)

竣工 1968年　設計 上遠野徹

📍 札幌市南区川沿9条

🚌 じょうてつバス「藻南公園」
　　徒歩約10分

＊見学は要連絡

（1）太鼓張りの障子から柔らかい光が差し込む、モダンな雰囲気のリビング。（2）元々あった棚に、引き戸が後から取り付けられた。（3）珍しい黄色のレンガはチタンを入れたことでこのような色に。（4）窓には断熱性の高いペアガラスが使われている。

|MAP| 024

有島武郎旧邸

有島武郎自らがデザインした、緑の中に佇む赤い洋館

　芸術の森の入口にひっそりと建つ、赤い外壁が可愛らしい洋館。『カインの末裔』『星座』など北海道を舞台にした文学で知られる作家、有島武郎の自邸だ。東北帝国大学農科大学（現北大）の教授時代、有島自身で間取り

のスケッチを描くなど基本設計を手がけた。建物はマンサード屋根（腰折れ屋根）が特徴的で、内部には洋風の部屋が並んでいるが、ほとんどの部屋が畳敷きという和洋折衷の造り。

　有島は永住するつもりでこの住まいを建てたが、建物完成の翌年、妻の結核療養のため一家は東京へ転居。その後改造され、北大職員寮、大学院寮と様々な時代を経てきた。有島本人が住んだ期間はわずかだったが、この洋館を訪れると、数々の傑作を生んだ作家の暮らしを想像することができる。

菱組格子の上げ下げ窓が大正ロマンな雰囲気。

中央の三角ペディメント破風がアクセントの玄関棟。

竣工 1913年　設計 有島武郎　♀札幌市南区芸術の森2丁目
🚌中央バス「芸術の森入口」徒歩約3分　🕘9:45〜17:00（6〜8月は17:30、冬季休館）　💰無料

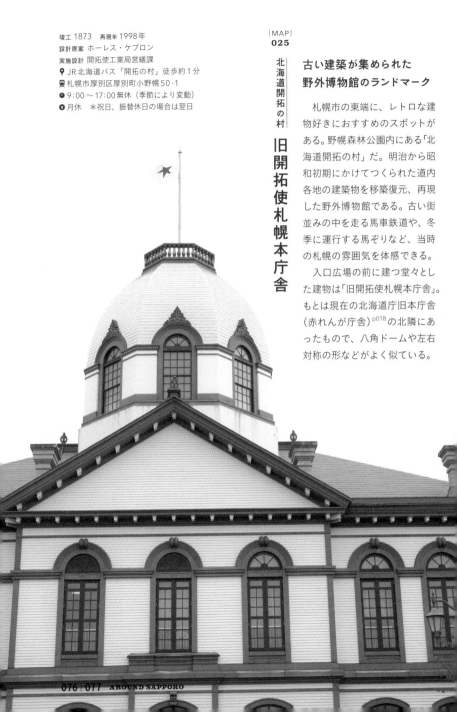

竣工 1873　再現年 1998年
設計原案 ホーレス・ケプロン
実施設計 開拓使工業局営繕課

📍 JR北海道バス「開拓の村」徒歩約1分
🚏 札幌市厚別区厚別町小野幌50-1
🕐 9:00〜17:00 無休（季節により変動）
📅 月休　＊祝日、振替休日の場合は翌日

|MAP|
025

北
海
道
開
拓
の
村

旧
開
拓
使
札
幌
本
庁
舎

古い建築が集められた
野外博物館のランドマーク

　札幌市の東端に、レトロな建物好きにおすすめのスポットがある。野幌森林公園内にある「北海道開拓の村」だ。明治から昭和初期にかけてつくられた道内各地の建築物を移築復元、再現した野外博物館である。古い街並みの中を走る馬車鉄道や、冬季に運行する馬ぞりなど、当時の札幌の雰囲気を体感できる。

　入口広場の前に建つ堂々とした建物は「旧開拓使札幌本庁舎」。もとは現在の北海道庁旧本庁舎（赤れんが庁舎）p018 の北隣にあったもので、八角ドームや左右対称の形などがよく似ている。

|MAP|
026

北海道開拓の村

旧小樽新聞社

外壁は札幌軟石。小樽運河の倉庫群に多い木骨石造でつくられている。

札幌軟石の風合いが歴史の重みを感じさせる

木造の建物が多い北海道開拓の村の建築物の中で目立つのが、石造りの「旧小樽新聞社」だ。玄関部分の庇とそれを支える円柱の装飾が特徴的で、年月を経てきた石の表情が味わい深い。当時は1階に営業室、2階に編集室と社長室、3階には会議室が設けられていた。

小樽新聞は1893年に札幌で創刊された政治雑誌「北海民燈」が、翌年本社を小樽に移して日刊紙を発刊したのが始まり。港が整備されていた商業都市の小樽の新聞社では、特に経済記事に力を入れていたという。函館毎日新聞、北海タイムスとともに北海道を代表する新聞の一つだった。

歴史を感じさせるレトロなフォント。

社章のついた半円形の飾りが可愛らしい。

竣工 1909年　設計 丸藤留治

北海道開拓の村
旧近藤医院

近藤医師が集めて
いたアンティーク
の家具や照明が置
かれた受付。

薬などを渡してい
た小さなカウンタ
ー。

竣工 1919年
設計 近藤清吉

医師自らが設計した木造の病院

　一見すると地味で通り過ぎて
しまいそうだが、中に入ると見
どころが多いのが「旧近藤医院」。
1902年に古平町で病院を開業
した近藤清吉が建てた医院棟で、
1958年まで使われていた。
　古い木造建築といえば和風が
多いが、この建物は玄関先のポ
ーチやバルコニー、下見板張の
外壁など、全体的に洋風だ。読
書家としても知られる近藤医師
は、豊富な文献から建築を研究。
また小樽で実際に洋風の建物を
見て回り、細部までこだわって

この病院を設計した。専門は内
科だが、外科や産科などの診療
も行っていたので手術室もある。
部屋を見て回ると、町のお医者
さんとして慕われていた医師の
人柄まで想像できるようだ。

上げ下げ窓から光の差し込む診察室。

|MAP| 028

北海道開拓の村

旧浦河
公会会堂

あたたかみのある木造の教会。　　　　　　　　　　竣工 1894 年／再現年 1985 年　設計 不詳

開拓者の祈りの場となった素朴な礼拝堂

神戸で設立された北海道開拓会社「赤心社」のキリスト教徒により、現在の浦河町に「浦河公会」が組織された。寒さの厳しい開拓の地で、人々の精神の拠り所になる場所として建てられたのがこの礼拝堂だ。

中に入ってみると、手前は2階に分かれており、奥の礼拝堂の部分は吹き抜けになっている。日曜日に教徒たちが集まって開拓の苦労を分かち合い、平日は地域の教育の場として子どもたちが通っていたという。礼拝堂を見下ろすことのできる2階は、当時は物置として使われており、クリスマスなど礼拝者が多い時には長椅子が置かれることもあった。礼拝堂の椅子は全て当時のもので、座っていると当時奏でられていたオルガンの音色が聴こえてきそうだ。

アーチ状の屋根に、波打つランプのかさが印象的。

|MAP|
029

北海道開拓の村

旧広瀬写真館

白布、黒布の多段
カーテンを開閉し
て光を調節した。

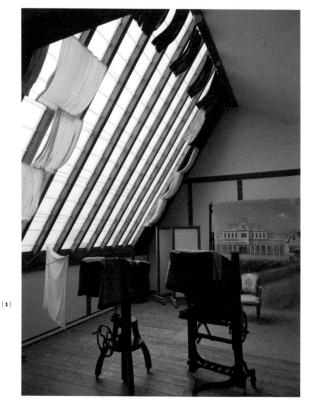

(1)

(2)

(1) 黒い外壁に赤
い屋根がモダンな
印象。(2) 受付と
なっている1階の
和室。

自然光を利用した大正末期の写真館

　石川県出身の広瀬和左衛門が岩見沢に移住後、写真師を雇って1898年に開業した写真館。1階に住居、2階にスタジオが設けられている。注目したいのが、建物の奥の屋根。これは「シングルスラント」という片流れのガラス屋根で、電気のない時代に自然光で撮影するためのもの。写場の左右にある引伸室、

暗室、修正室でも、自然光を利用して作業が行われていた。
　当時、写真撮影は決して一般的なものではなく、写真館は限られた裕福な人々が家族写真や記念写真を撮影するための空間だった。建物内を見学していると、ここがそんな特別な瞬間をおさめる「ハレの場」だったことが感じ取れる。

竣工 1924年　再現年 1990年　設計 不詳

|MAP| **030**

モエレ沼公園
ガラスのピラミッド

竣工 2003年
設計 イサム・ノグチ、
　　　アーキテクトファイヴ
📍 札幌市東区モエレ沼公園1-1
🚌 バス停「モエレ沼公園東口」
　 徒歩約15分
🕐 9:00〜19:00 （月休）
＊季節により変動

イサム・ノグチが北海道に残した風景

「大地を彫刻する」ことをコンセプトに、ゴミ処理場の跡地を利用したモエレ沼公園は、20世紀を代表する彫刻家イサム・ノグチが基本設計を手がけた公園だ。敷地内には標高62メートルのモエレ山や高さ30メートルのプレイマウンテンの他、ダイナミックなオブジェやモニュメントが点在する。

なかでも注目は「ガラスのピラミッド」。上部半分が四角錐で、正面を除いて他二面は垂直面という、とても複雑な形をしている。この建築物の魅力は、建物の中にいながらにして得られる自然との一体感だ。季節ごとに美しい姿を見せてくれる公園を眺めながら、一階のショップで買えるソフトクリームを食べていると、ガラス建築ならではの醍醐味が味わえる。

| MAP | 031

CAFE
1
シロクマベーカリー本店

地下鉄の駅前に
ありながら、そ
こだけ時間の流
れがゆっくりに
感じられる建物。

緑の三角屋根が目印の建物で、美味しいパンと珈琲を

　ある年齢以上の札幌市民が懐かしさを覚える
という三角屋根の建物。屋根に積もる雪を建物
の左右に落とし、正面と裏側に開口部を取るこ
とのできる北国型防寒住宅として昭和40年代
を中心に札幌の各地で建てられた。今ではすっ
かり数が減り、シロクマベーカリー本店の建物
もその生き残りの一軒。グレーと白と貴重にし
たシックな店内には、香ばしいパンの香りがふ
わりと広がる。現代美術家ミヤケマイがロゴや
インテリアを手がけ、2階やテラス席ではホッ
トコーヒーとともに道産小麦100パーセントの
パンをイートインすることができる。

📍 札幌市白石区本郷通13丁目南5-20　🚇 地下鉄東西線「南郷13丁目」徒歩約1分　🕐 8:00〜18:30（火曜定休）

| MAP | 032

CAFE 2
サッポロ珈琲館平岸店

平岸リンゴの歴史を今に伝える、札幌軟石造の珈琲店

地下鉄平岸駅からほど近く、マンションに囲まれてひっそりと佇む赤い寄せ棟造りの屋根の建物。今はサッポロ珈琲館平岸店として地元の人々に愛されているが、かつてこの建物は1階がリンゴの貯蔵庫、2階はリンゴ農家さんの集会所として使われていたという。どっしりとした札幌軟石造だが、木と組み合わされることで不思議とあたたかい雰囲気を醸し出している。さくさくしたアップルシナモンのブリュッセルワッフルと香り高い珈琲を味わいながら、あたり一面リンゴ園だったという当時の風景を思い浮かべてみてはいかがだろう。

♀ 札幌市豊平区平岸2条6丁目2-27
🚇 地下鉄南北線「平岸駅」徒歩2分
🕐 9:00～21:30

エチオピアの木彫りの置物や絵画は、以前勤めていたエチオピア人の女性によって飾られたもの。

〈北の建築家〉

上遠野 徹

上遠野徹自邸

PAGE
072

冬でも暖かく、美しく暮らす。寒冷地住宅のパイオニア

『徒然草』で最も有名な一節は「家の作りやうは、夏をむねとすべし」だろう。確かに本州ならばこの言葉も当てはまるかもしれないが、一年の半分が雪に覆われる北海道ではそうはいかない。長い冬を快適に過ごせる家とはどんなものだろう。そんな問いの答えとなるのが、上遠野徹の手がけた住宅だ。

独立して初めて手がけた住宅では外気に触れる部分をスタイロフォームで断熱し、厚さと大きさを特注した複層ガラスを採用。冬は室内と屋外の温度差が50度まで結露しない窓を実現した。1960年に手がけたいくつかの住宅では、中央に設置したペチカから輻射熱を室内にいきわたらせる暖房システムを採用し、当時としては先進的な集中暖房のはしりとなった。

ただ寒さに強いだけではなく、美しさや繊細さを感じさせるデザインも上遠野建築の特徴だ。開口を大きく取ることで外部との一体感と開放感を演出し、歩くごとに風景が変わるような空間づくりからは、豊かな北海道の自然を家の中にいながらにして感じてほしいという建築家の意図が感じられる。

竹中工務店時代は、アントニン・レーモンドとともに聖ミカエル教会[p012]や札幌フィルムビルを手がけたことでも知られ、レーモンドから学んだ手法を自身の建築にも生かしている。「建築家は住宅から始まり、住宅に終わる」という言葉を残した上遠野は、北の大地にモダニズムを根付かせた開拓者でもあった。

PROFILE

1924年函館生まれ、福井工業高校卒業後、竹中工務店を経て、1971年札幌にて上遠野徹建築事務所を設立。2003年にDOCOMOMO100選に選出された「上遠野徹自邸」など多くの住宅のほか、「酪農学園大学」「稚内北星学園大学」等の学校建築を数多く手がけた。

2
OTARU

|MAP|
033

カトリック小樽教会富岡聖堂

カトリック特有のマリア像が優しい雰囲気を醸し出す、2階の聖堂。

OTARU パステルカラーに赤がアクセントのステンドグラス。

(1)

(2)

(**1**) 祭壇右奥にある、素材な佇まいの木の扉。(**2**) 階段の踊り場にはツタのステンドグラス。

小樽の高台に佇む、絵本の中から抜け出てきたような教会

小樽駅を降りて西へと向かう「地獄坂」の途中、右手へさらに緩やかな上り坂を歩いていくと、見えてくるのが「カトリック小樽教会富岡聖堂」だ。数度の聖堂建設を経て現在の場所につくられたこの教会は、信者にとって祈りの空間であるだけでなく、多くの人々に愛される小樽の風景の一つとなっている。

赤い屋根にゴシック風の窓、アーチのある軟石積みの玄関など、中世ヨーロッパの教会を思わせる佇まいが印象的。1階は集会所になっており、2階へ上がると奥には正面に大きなアーチの下に祭壇が、左右の小さなアーチの下にマリア像が配された聖堂がある。

天井やアーチを支える柱、椅子が木でできているせいだろうか、カトリック教会らしい荘厳さのなかにも、どこかあたたかさを感じる空間だ。

イエスを抱くマリアの図柄。

竣工 1929年 設計 三浦才三 ♀ 小樽市富岡1-21-25 🚃 JR「小樽」徒歩約10分

|MAP| 034

小樽市庁舎本館

玄関ホールへ入ると華やかなステンドグラスが出迎えてくれる。

近年ではヴィオラコンサートが開催されたこともある、3階の本会議場。

華麗な内装に目を奪われる、道内屈指の公共建築

小樽市空中写

歴代の市長の肖像画が並ぶ応接室。

OTARU　1995年の映画「Love Letter」のロケ地にもなった美しい階段。

重厚で威厳のある小樽市庁舎に足を踏み入れると、外観からは想像できないような繊細で美しい意匠の数々に圧倒される。玄関には植物を思わせる幾何学模様のタイルが敷かれ、外壁と同じ花崗岩でできた階段は、つるりとした質感が上品な印象を与える。左右に広がった階段の奥に開けるのは、大きなステンドグラスとレトロなシャンデリアのある空間。シャンデリアの吊り元にある、天井の美しい漆喰装飾にも注目してほしい。3階の本会議場では議会のない時に演劇や映画上映会が催されていたこともあり、床下には当時の舞台照明の跡が残る。

建物の総工費約26万円のうち、10万円は当時の市の有力者、土肥太吉の寄付によるものだったというから、小樽の街並み形成には実業家が大きく寄与していたことが伺える。

ドアノブの装飾が可愛らしい、市長室の扉。

(1) (2)
(3) (4)

(1) スズランの花のような市長室の壁の照明。(2) 市長室や応接室などが並ぶ2階の中廊下。(3) コリント様式の葉飾りを模した柱頭が目を引く。(4)(1)と同じモチーフが繰り返される、市長室天井のシャンデリア。

竣工 1933年
設計 成田幸一郎
小樽市花園2丁目12-1
JR「小樽」徒歩約13分
8:50〜17:20
＊見学は原則として共用スペースのみ

|MAP| 035

坂牛邸

グリーンの屋根と腰壁が優しい印象。

(1)

(2)

小樽公園の片隅に佇むプレイリーハウス

　フランク・ロイド・ライトの弟子として知られる田上義也が設計を手がけた「坂牛邸」は、白とパステルグリーンの色使いが爽やかな建物だ。坂牛直太郎は小樽新聞社重役を務めた後、弁護士として独立し、この建物を住宅兼事務所として使っていた。建物はライトのプレーリーハウスのように低く抑えたデザインで、軒の水平線と下見板が水平のラインを強調している。それに対して2階の窓の両脇の柱モチーフが垂直のラインを描き、建物全体にアクセントを付けている。建物の一部は煉瓦塀で囲まれており、車庫のコンクリートには「Build.1928 ADT. Yoshiya」という田上による彫り込みのサインも見られる。

(1)雪国らしい煉瓦の煙突。(2)かつて応接室だった八角形の部屋。

竣工 1928年　設計 田上義也　♦小樽市入船5-8-15
🚌 北海道中央バス「洗心橋」徒歩約5分　＊個人宅のため内部は非公開

|MAP| 036

小樽芸術村 旧三井銀行小樽支店

唐草模様があしらわれた擬石の軒飾り。

OTARU 岡山県北木島産の花崗岩が積み上げられた、どっしりとした外壁。

かつて「北日本随一の経済都市」と呼ばれた色内十字街には、最盛期には25行もの銀行建築が並んでいた。その一つが、現在「小樽芸術村」の一部として公開されている「旧三井銀行小樽支店」だ。

2002年まで銀行として利用されていたこの建物は、当時最先端の耐震構造で、外観が銀行建築では珍しいイタリアのルネサンス様式。2階に回廊をめぐらせた、吹き抜けの大空間は圧巻だ。地下へ降りると銀行時代の貸金庫が当時のまま残り、普段ではなかなか見られない銀行の裏側をのぞけるのが面白い。2階には会議室だった部屋などが並び、時計や絹の壁紙、家具などレトロな調度品からは商都として栄えた街の歴史を感じ取ることができる。

繊細な装飾によって建物に陰影が生まれている。

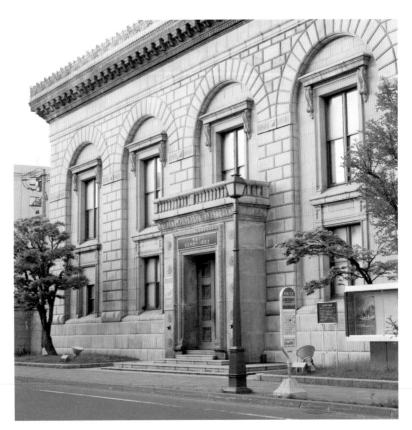

アーチや装飾が石造りの建物に優美さを添える。

銀行時代は営業室だった大空間。大理石のカウンターは天坂をのぞき当時のまま。

華やかな歴史の息遣いを感じられる空間

階段の手すりは、笠木（上部の木）部分がチーク材。

継ぎ目のない階段滑り止めが、当時の職人の技術の高さを物語る。

(1) (2) (3)
(4) (5) (6)

(1) カーテンや家具も、一部は当時のままのもの。(2) 米国アンソニア社製の置時計。(3) 現金が保管されていた鉄格子。(4) 当時は照明や金物も建物にあわせて特注されたため、デザインが統一されている。(5) 天井に投影された、馬場ふさこさんによる映像作品。(6) 地下にある米国モスラー・セーフ・カンパニー社製の金庫扉。

竣工 1927年　設計 曾禰中條建築事務所　♥ 北海道小樽市色内1丁目3-10
🚉 JR「小樽」徒歩約10分　◐ 季節により変動（無休 ＊11〜4月水休）
🎫 一般500円、学生300円、高校生200円

|MAP| **037**

くぼ家

アンティークの蓄音機や扇風機など、レトロ感あふれる空間。

106 | 107 OTARU すりガラスなど、店内のガラスの多くは当時のものが大切に使われている

手作りの小樽硝子の器が 楽しめる、レトロな喫茶店

古い建物の立ち並ぶ堺町通りにある「くぼ家」は、2階建ての和風家屋と石造りの建物がつながった、独特のつくりになっている。木造の和風の建物はもともと1907年創業の洋物小間物商、久保商店の店舗で、石造りの建物は蔵として使われていた。店舗部分はその後喫茶店のさかい家を経て、2016年に喫茶店「くぼ家」としてオープン。

オーナーが大正硝子館であることから、お店で使用している器は小樽硝子で全て手作り。一つ一つ表情が異なるため、どんな器で出てくるのかも楽しみだ。さかい家時代のものをそのまま引き継いだ深紅の椅子や照明、アンティークの蓄音機などがレトロな雰囲気を醸し出し、まるで大正時代を舞台にした映画の一場面に入り込んだような気分が味わえる。

(1) コーヒーカップは全て手作りのもの。(2) 天井を見上げると、古い梁などが建築当時のまま残っている。

石造の建物は「くぼ家」と中でつながっており、現在はガラスショップなどになっている。

竣工 1907年　設計 不詳

📍小樽市堺町4-4　🚉JR「南小樽」徒歩約15分　🕙10:00〜19:00（不定休）

|MAP|
038

トップジェント・ファッション・コア

Topgent.Fashion.Core

SECOM

(1) (2)

(1) 角面が曲線を描く、モダンな外観。
(2) 天井から吊り下げられた八角形の照明も当時のまま。

銀行建築の内部に広がる縫製工場

　色内通りと緑山手通りの交差点に建つ、旧第一銀行小樽支店の建物。装飾を省いたシンプルな外観だが、かつては玄関に大きな柱とライオンの彫像が立つ、華やかな佇まいだった。

　現在この建物は御幸毛織株式会社（名古屋）の子会社である「トップジェント・ファッション・コア」の縫製工場として使われている。銀行時代に営業室だった吹き抜け空間を工場として利用し、昔の金庫室を応接室として使うなど、内装はできるだけ当時のままを維持している。

　1971年に「協同組合 紳装」として創業した同社は、オーダーメイドの上着を一着一着、手作業でつくり続けてきた。街の一等地に建つ歴史的建造物を工場として使うのはとても珍しいこと。河村社長はこう語る。「この建物だからこそ会社を続けてこられた。この場所で生み出される感性で、これからもモノ作りをしていきたい」

階段室のレトロな照明。

竣工 1924年　設計 田辺淳吉
小樽市色内1丁目10-21　JR「小樽」徒歩約10分　＊外観のみ見学可。内部の一般公開なし。

OTARU 柱などに銀行時代の面影が残る。

|MAP| 039

UNWIND HOTEL S R RU

OTARU 照明デザインが幻想的なホテルのメイン会場。

(1)

(2)

(**1**) 重厚な石造りの階段手すりも当時のまま。(**2**) 深紅の絨毯が格式を感じさせる。

小樽の老舗ホテルがモダンな装いで再生

　色内通りの「UNWIND HOTEL」は、かっちりとした矩形のプロポーションに、中央縦2列のガラスのベイウィンドウ、車寄せに大きく張り出した水平の庇がモダンな印象のホテルだ。もともとは明治時代にイギリスの旅

階段踊り場にある、可愛らしい花模様のステンドグラス。

行案内書にも載った老舗の「越中屋旅館」の別館として建てられ、貿易などで小樽を訪れる外国人などに主に利用されていた。その後、旧日本陸軍の将校クラブや貸事務所、外資系のゲストハウスなどを経て、現在は「クラッシックとコンテンポラリー」をテーマにしたホテル「UNWIND HOTEL & BAR OTARU」として営業している。内部にはいたるところにアール・デコ様式のステンドグラスやレトロな装飾が見られ、往時のホテルの雰囲気を楽しむことができる。

ライトアップされた姿が幻想的。

竣工 1931年　設計 倉澤国治　♥小樽市色内1丁目8-25　JR「小樽」徒歩約10分

|MAP|
040

市立小樽文学館

ダイナミックな螺旋階段に陽光が差し込む。

小樽に残る戦後のモダニズム建築の傑作

静かに本が楽しめる「古本コーナー」。

　シンプルな矩形とガラスの壁面、外壁のジグザグ階段がモダンなこの建物は、当初は小樽地方貯金局として建てられた。小樽市分庁舎を経て、1978年に市立小樽文学館、翌年に市立小樽美術館としてオープン。

　2階の文学館では窓のカーテンを取り払うことで大きな窓から明るい光が差し込み、空間がより広く感じられるよう工夫されている。展示エリアでは、小林多喜二や伊藤整といった小樽にゆかりのある文学者の資料の常設展示のほか、様々なテーマの企画展が年に6回行われる。館内に併設された「jj's café」では珈琲を飲みながら、小樽の文学の世界に浸るのも良い。

竣工 1952年　設計 小坂秀雄
📍小樽市色内1丁目9-5
🚉JR「小樽」徒歩約10分
🕘9:00〜17:00　月休

OTARU LITERARY MUSEUM　市立小樽文学館
OTARU CITY MUSEUM OF ART　市立小樽美術館

　総ガラスの階段壁面がモダニズム建築らしい。

MAP
041

小樽貴賓館 旧青山別邸

小樽貴賓館1階大ホールの天井画は、北海道にゆかりのある日本画家らによって描かれた。

国の登録有形文化財にも指定された旧青山別邸。

にしん漁の栄華を今に伝える「北の美術豪邸」

北海道の日本海沿岸はかつてにしん漁で栄え、「にしん御殿」が各地に建てられたが、旧青山別邸もその一つ。小樽の三大網元で知られる青山家の2代目政吉が6年がかりで建てたお屋敷は、当時デパートの建築費が50万円だった時代に31万円をかけたという大豪邸だ。山形県酒田から宮大工の棟梁をはじめとする50数名の職人が招集され、良質のケヤキ、ヒノキなどがふんだんに使われている。いたるところに施された彫刻や、18の部屋に描かれた襖絵など、建物全体が美術品のよう。

2004年には敷地内に小樽貴賓館が建てられ、初夏には前庭に牡丹と芍薬が咲き誇り、訪れる人の目を楽しませている。また、別邸裏の「あじさい園」では約600株の紫陽花が夏に見頃を迎える。

(1)「あうん」の呼吸で建物を守ると言われる鯱。(2) 狩野派の流れを汲む画家たちが描いた襖絵が風流な「扇の間」。

竣工 1923年（旧青山別邸）、2004年（小樽貴賓館）
設計 斉藤子ノ助（旧青山別邸）、ホクテイ建築事務所（小樽貴賓館）
📍小樽市祝津3丁目63 🚌中央バス「祝津3丁目」徒歩約5分
🕐9:00～17:00 ＊季節により変動 💴1100円（旧青山別邸）

|MAP| **042**

小樽リゾート 海宝樓クラブ

竣工 1927年　設計 不詳　♀小樽市東雲町1-19　🚉JR「小樽」徒歩約15分

(1)

(1) 玄関の床には鉄道の枕木として使われた栗の木が敷き詰められている。(2) 洋風の上げ下げ窓も当時のまま。

(2)

レストランのシャンデリアはフランスから輸入したもの。ランプはイタリア製。

海運商のお屋敷を改装した和洋折衷のホテル

　海運業で財を成した板谷家の2代目、宮吉が建てた和洋折衷の建物。板谷は実業家、政治家としても活躍し、1933年には小樽市名誉市長を無給で務めた。

　海運商の邸宅にふさわしく、旧板谷邸は港を一望できる東雲町の高台にある。和風の母屋に木造モルタル塗りの洋館を付設した造りで、洋館のマンサード屋根が特徴的だ。2018年8月には元の建物を生かして、ホテル「小樽リゾート　海宝樓クラブ」がオープン。建物の見どころは、かつて晩餐会の会場だったという洋館の朝食会場。ケヤキの木でできた重厚感のある扉を開けると、縦長の窓から優しい光が差し込む。テーブルや椅子はイギリスのアンティークで統一され、ここで朝食を頂いたら、ヨーロッパの貴族の邸宅にいるような気分が味わえそう。

銅板葺のマンサード屋根。

レンガ（？）の煙突が建物のアクセントに。

|MAP| 043

ISO

レンガ造の倉庫を改装した、モダンなレストラン&バー

　木骨石造の倉庫が多い小樽では数少ないレンガ造の建物で、当初は磯野商店の倉庫として建てられた。1976年からは喫茶店「海猫屋」となり、演劇集団「北方舞踏派」の活動の拠点としても利用された。小説『海猫屋の客』や映画『はるか、ノスタルジィ』のロケ地としても使われた海猫屋は、小樽市民に40年もの間親しまれることになった。

　海猫屋の閉店後、トレードマークだった外壁の蔦は取り払われ、2018年に「ISO」がオープン。1階はレストラン「Coelacanth」、2階はバーとなっている。外壁だけでなく内部の壁もレンガ積みなのがユニーク。入り口には札幌軟石を用い、2階の床や壁のポールは海猫屋時代のものを使用するなど、建物が経てきた歴史を感じられる空間だ。

磯野商店を買収したお店の屋号七⌐（カネシチ）が今も残る。

(1)　(2)

(1) 屋根瓦の一枚一枚が鉄線で固定されている。(2) 赤レンガの壁は内と外との二重積み。窓も当時のまま。

アトリエYORMAがリノベーションを手がけた、シックな内装。

竣工 1906年　設計 不詳　♥小樽市色内2丁目2-14　🚃JR「小樽」徒歩約15分
● 2F「ISO」17:30〜26:00（L.O. 25:00）
1F「Coelacanth」11:30〜15:00／17:30〜22:00（水休）

| MAP | **044**

CAFE
3 CafeWhite
元薬局の建物をリノベーションした白い空間

　南小樽駅に程近い、赤いマンサード屋根とドーマー窓が目を引く旧岡川薬局の建物。この建物は岡川薬局が2代目の時に店舗兼住宅として1930（昭和5）年に建築された。現在はリノベーションされ、中に入ると白を基調としたモダンなカフェ、奥が宿泊施設となっており、外観とのギャップが面白い。入口の「くすり」や、現在の厨房の正面ガラスに残る「調剤室」の文字からは薬局の面影が感じられる。歴史好きにオススメのスイーツは、「お餅ワッフル」。保存がきくお餅は小樽で古くから重宝されていたそうで、そんなメニューからも小樽の街への愛着が感じられた。

お餅をワッフル状に焼き上げた
「お餅ワッフル」。

📍小樽市若松1丁目7-7　🚃JR「南小樽」徒歩約5分
🕐11:00〜20:00　＊金・土11:00〜22:00（月曜・木曜定休）、日11:00〜18:00

| MAP | 045

CAFE
2
北一ホール

167個の石油ランプがゆらめく
幻想的な喫茶店

シャンデリアや壁、テーブルの上などに灯された石油ランプが、空間をあたたかく照らし出す。ここは1901（明治34）年に小樽で石油ランプの製造を始めた北一硝子が、元はニシンなど魚の加工品を納めていた1891（明治24）年築の倉庫を改装した喫茶店。倉庫は木骨石造で、木の小屋組は当時のまま残る。朝8時45分の開店時には、ランプに一つ一つ火を灯す点灯作業が行われ、それを見に訪れるお客様も多いのだとか。平日の午後2時、3時、4時からはピアノの生演奏も行われ、ロマンチックな空間をより一層楽しむことができる。

〈北の建築家〉
田上 義也

旧小熊邸、札幌北一条教会

PAGE
066
・
036

ライトに師事し、北海道のフリーアーキテクトの草分けとなった建築家

世界三大建築家の一人、フランク・ロイド・ライトの代表作として知られる帝国ホテル。その建設に関わり、後に北海道を代表する建築家の一人となったのが田上義也だ。

帝国ホテル建設事務所でライトの薫陶を受け、その作風を存分に吸収した田上だが、帝国ホテルの完成披露式が予定されていた1923年9月1日に関東大震災が起こると、その直後に単身北海道へと渡る。

1925年に札幌時計台で開催した「田上義也建築作品展覧会」をきっかけに、当時北海道では珍しかったフリーアーキテクト（組織に属さず活動した自営建築家）として活動をスタート。まずは住宅建築家として、水平線を強調したライト風の作品を数多く手がけ、その一つとして旧小熊邸 p066 がよく知られている。

一方、田上の後期の作品からは、ライトの思想を土台に、独自の作風を確立しようと模索していたことが見てとれる。雪国・北海道ならではの造形を探求し、住宅よりも商業建築やホテルといった公共建築を手がけることが増えていった。

旧小熊邸と並んで田上の代表作といわれる札幌北一条教会 p036 は、1927年に建築され、その後移転して1979年に再度田上の設計によって建設されたものだ。船をモチーフとしたというモダンで斬新なその外観は、今も広く札幌市民に親しまれている。

PROFILE

1899年栃木県生まれ。早稲田大学付属早稲田工手学校卒業。フランク・ロイド・ライトの帝国ホテル建設事務所で勤務した後、関東大震災を機に北海道へ移住。代表作「旧小熊邸」「札幌北一条教会」をはじめ、ライトの特徴を随所に散りばめ、北海道の風土に根差した洋風建築を数多く残した。

3

HAKODATE

|MAP|
046

函館聖ヨハネ教会

神の恵みが四方八方に広がるようにという願いを込めて設計された形。

天使が羽を広げたような
モダンな造形

　函館の元町には様々な名前の
ついた坂があり、坂の名前から
も函館の歴史を知ることができ
る。「チャチャ登り」の「チャ
チャ」はアイヌ語で「おじいさ
ん」を表し、「おじいさんのよ
うに腰を曲げなければ登れない
ほど急な坂」という由来がある。
そんな急な坂の途中にあるのが
「函館聖ヨハネ教会」。英国聖公
会*の教会として道内の先駆け
となった建物だ。

　ふわりと白い羽を広げて建っ
ているように見えるこの教会は、
「祈りの手を合わせた形」とも
「シスターのヴェールの形」と
も言われる。建物のデザインは
斬新に見えるが、東西の屋根を
支える十字架の形の柱や、太陽
を表す聖堂の形など、デザイン
の一つ一つに意味が込められて
いる。礼拝堂の正面は東を向い
ている教会が多いなか、土地活
用の関係で、この教会は北向き
なのも特徴だ。

夜にライトア
ップされた姿
は、白く浮か
び上がる花び
らのよう。

(1) 十字架が羽を支えているかのような構造。(2) 十字架
の内部には染色作家、黒田百合子さんによる色鮮やかなス
テンドグラスがある。

*現 日本聖公会北海道教区

天井が円形の礼拝堂。この形は「太陽」を意味しているそう。

竣工 1979年　設計 濱島國四郎
📍函館市元町3-23　🚃市電「十字街」徒歩約15分
＊5/1〜11/3のみ見学可（見学、休みは要問い合わせ）

HAKODATE 函館山ロープウェイからも見える、特徴的なシルエット。

|MAP|
047

函館ハリストス正教会

イコンが描かれたイコノスタス（聖障）はロシアでつくられたもの。

八角形のドーム型をしている聖堂の天井。

イコンはサンクトペテルブルクから運んだもの。

(1) (2)

(1) かつてはローソクを灯していた「パニカジーラ」と呼ばれるシャンデリア。(2) 椅子の背もたれにも十字架が。

聖堂は1983年に国の重要文化財に指定された。

異国情緒あふれる日本初のロシア正教会聖堂

　函館山に鳴り響く鐘の音色から、「ガンガン寺」の愛称で親しまれる函館ハリストス正教会。大小6つの鐘を複雑に鳴らすことで音色を変え、儀式によって使い分けている。イイスス・ハリストスの復活を記念するこの教会は、明治時代の函館大火によって焼失した初代聖堂にかわる2代目の聖堂だ。建物はロシアのビザンチン様式で、屋根には鐘楼とクーポラと呼ばれるタマネギ状の小さなドームが載っているのが特徴。

　玄関を入るとヴォールト天井の啓蒙所、正方形の聖所が続き、その奥の半円形の至聖所とはイコノスタス（聖障）で仕切られている。イコン（聖画像）にはロシア人が見よう見まねで書いたという漢字が書かれていたり、イコノスタスの木枠は東京の宮大工によるものだったりと、日本とロシアの技術が融合した空間となっている。

6つのクーポラの上にはロシアンクロス（十字架）が据えられている。

竣工 1916年　設計 河村伊蔵

📍 函館市元町3-13　🚊 市電「十字街」徒歩約10分

🕐 10:00～17:00（季節・曜日により変動）　💴 大人200円

屋根の白亜と緑青の屋根の色が美しく調和している。

|MAP|
048

カトリック元町教会

風見鶏と大鐘楼が目印の、荘厳なゴシック様式の教会

司祭館の屋根の上に優しく佇む、イエスを抱いたマリア像。

グリーンのとんがり屋根が可愛らしいカトリック元町教会は、横浜と長崎にあるカトリック教会と並んで日本では最も古い歴史をもつ。1859年に来日したフランス人宣教師メルメ神父が布教活動を行ったのが、函館におけるカトリック教会の歴史の始まりだ。

1876年に建てられた木造教会1907年の大火で焼失し、その後にレンガ造の教会堂が建てられたが、これも1921年の大火で類焼、外壁を残すだけとなった。現在の元町教会は、この焼け残った教会堂を改修したもので、鉄筋コンクリート造の鐘楼はこの時に増築された。聖堂内にある豪華な祭壇は、火事のお見舞いにとローマ法王ベネディクト15世から贈られたもの。聖堂裏には聖母マリア像を祀る(まつ)ルルドの洞窟があり、訪れる信者が祈りを捧げている。

さりげなく星の装飾があしらわれた扉。

(1) ゴシック様式の扉が礼拝者を迎え入れる。
(2) そびえ立つ大鐘楼は高さ33メートル。

竣工 1909年頃　再建1924年　設計 不詳
📍 函館市元町15-30　🚋 市電「十字街」徒歩約10分
🕙 10:00〜16:00（日曜日の午前中、礼拝時を除く）

|MAP|
049

旧亀井邸

中世ドイツの街並みを思わせる洋館

曲面の窓やピンク色の外壁が可愛らしい。

　大三坂を登る途中、元町カトリック教会の手前に淡いピンク色のロマンチックな洋館がある。文学者亀井勝一郎の父であり、函館貯蓄銀行の支配人だった嘉一郎が、1907年の函館大火で自宅が焼失した後に新たに建てた住宅だ。関根要太郎と実弟の山中節治による設計で、19世紀末のユーゲントシュティール様式のデザインに建築家の個性が表れている。パステルカラーの外壁はもとより、急勾配の屋根やゆるやかにうねる破風、丸く張り出した出窓は、当時としても斬新だったに違いない。教会や寺院の多い異国情緒あふれる元町に溶け込んだその姿は、様々な文化が花開いた大正時代の函館の空気を伝えてくれる。

竣工 1921年　設計 関根要太郎
📍函館市元町 15-28　🚋市電「十字街」徒歩約10分　＊外観のみ見学可

|MAP| 050

函館海産商同業
協同組合事務所

建物の□□□には煉瓦の煙突□□□□□□まる鳶もアクセントを添えている。

(1) (2)

(1) 左右がゆるやかな曲線を描く、表現主義的なファサード。(2) 上げ下げ窓の庇がリズミカルな印象。

正面玄関のステンドグラス。

*アール・ヌーヴォー様式のドイツ語圏における呼称。

ユーゲント・シュティール*様式の影響を受けた、関根要太郎の代表作

観光客でにぎわうベイエリアの一角に、うねるような外観が優雅な建物がある。函館海産商同業組合事務所は、かつては百貨店や銀行が建ち並んでいた地域の一角に、大正時代の函館の繁栄を築いた海産商の共同出資で建てられた。

1993年の南西沖地震で大きく損傷したが、保存を求める声が相次ぎ、組合員有志の尽力によって修復。外観はもとより、

重厚な階段の手すりやステンドグラスなどの内部も往時のままよみがえった。

しかし、建物の老朽化に加え、100年前の創立当時は数百社の組合員がいた海産商も現在は11社となり、建物もいつまで残せるか分からない。設計を手がけた建築家、関根要太郎の函館での代表作でもある名建築が、次の時代にも生き続けて欲しいと願うばかりだ。

(1) (2)
 ─┼─
(3) (4)

(1)階段手すりには大きな柱頭飾りが。(2)広々とした3階は海同組合の事務所となっている。
(3)2階応接室の暖炉。(4)1995年に建物の修復記念につくられた模型。

竣工 1919年　設計 関根要太郎
♀ 函館市末広町15-3　🚊 市電「末広町」徒歩約5分　＊外観のみ見学可

|MAP|
051

カリフォルニアベイビー

独特のアーチを描く建物。窓から漏れてくるネオンサインが人々を惹きつける。

　レトロな冷蔵庫やポスターもアメリカンな空気を演出。

お店の看板メニュー、ボリュームたっぷりの「シスコライス」。

大正時代の郵便局を改装した、レトロアメリカンなカフェ

曲線を描くパラペット*や縦長の窓が可愛らしい建物は、1976年から続くカフェ「カリフォルニアベイビー」。大正時代に簡易郵便局として使われていた建物を改装したお店で、地元の人からは「カリベビ」の愛称で親しまれている。函館西部地区には歴史的建造物を再利用した店舗が数多くあるが、ここはその先駆けとも言える場所で、当時の若者に食やインテリアを通じてアメリカ直輸入の文化を伝えた。

オーナーの趣味が反映された店内にはクアーズの照明やネオンサイン、コカ・コーラの看板などが飾られ、まるでアメリカの西海岸にいるような錯覚を起こしそう。バターライスにフライしたソーセージをのせ、上からミートソースをかけた「シスコライス」は函館のソウルフードとしても知られている。

アメリカのビール会社クアーズの照明。

*屋上の周りに立ち上げた手すり壁。

竣工 1917年　設計 不詳　♀函館市末広町23-15　🚃市電「末広町」徒歩約5分　🕐11:00〜22:00（木休）

|MAP| **052**

函館市地域交流
まちづくりセンター

ライトアップされた姿も華やかな、十字街のランドマーク的存在。

セセッションの影響を受けた外壁の装飾。

大正時代の百貨店がコミュニティーの拠点に

　十字街の交差点に建つ、ドームと塔屋が目を引く歴史的建造物は、1923年、丸井今井呉服店の函館支店として建てられたもの。同時期の札幌の丸井今井1条館 ᵖ⁰⁵⁰ と同じ木田組による鉄筋コンクリート造で、当時の北海道では最先端のモダンなデパートとして人々に迎えられたことだろう。1969年までは百貨店として、その後市の分庁舎を経て、2007年からは「函館市地域交流まちづくりセンター」として利用されている。

　函館市民の交流はもちろん、観光案内など街の案内役としての役割も担い、1階のカフェは誰でも利用できる憩いスポットとなっている。デパート時代の名残を感じる贅沢な大理石の大階段や、スタッフの解説つきで体験できる、オーチス社製のレトロな手動式エレベーターも必見だ。

(1)

(2)
(3)

(1)

(1) 東北以北最古の手動式エレベーター。入り口周りの大理石の壁は防火のために設けられた。(2) 正面玄関入り口の天井には、レトロな照明が。(3) 柱と柱を対角線に結ぶ梁は1934年の大火の後に設けられた。

竣工 1923年　設計 木田組　♀函館市末広町4-19　🚃市電「十字街」徒歩約2分　🕐9:00～21:00 (年末年始休)

　天井レリーフや大理石の手すりなどにデパート時代の面影が残る。

|MAP|
053

はこだて工芸舎

陶芸家でもあるオーナーの堂前さんの作品や、服飾、ファブリックなどが並ぶ。

(1)

(2)

築約80年の酒問屋を
改装したギャラリーショップ

電車通りと銀座通りの角地に建つ「はこだて工芸舎」は、もともと「梅津商店」という食料品や酒類を扱う問屋だった。函館の別の場所でお店を営んでいたオーナーの堂前夫妻がこの建物を気に入り、2014年に高田傑建築設計事務所のリノベーションによって、できる限り元の建物を生かす形でギャラリーショップに生まれ変わった。

大きな黒い金庫や大時計、レトロな階段は当時のまま。店内に並ぶ雑貨や工芸品と不思議と調和して、居心地の良い空間になっている。明るい光の差し込む奥の「箱庭カフェ」では、陶器を使った手作りのテーブルでお茶が楽しめる。商店時代は居住空間だったという2階には、お茶会や落語会などを不定期で開催している和室や、梅津商店の創設者についての資料が展示されている洋風の応接室がある。

2階にある元は応接間だった部屋。商店時代、商談に使われていたそう。

(1)角が丸くアーチ状になった特徴的な建物。(2)表のカウンターは、かつて小売店が倉庫からの商品を渡すのに使われていた。

竣工 1935年　設計 不詳　📍函館市末広町8-8
🚋市電「十字街」徒歩約1分　🕙10:00〜18:00（季節により異なる）

|MAP|
054
茶房 ひし伊

茶房
ひし
伊

黒塗の主屋と蔵二棟が並ぶ、ユニークな佇まい。

(1)

(2)

(1) 建物は1994年に
歴風文化賞を受賞し
た。(2) 波模様の窓
からは、夜になると
店内から光が漏れて
美しい。

明治・大正時代の蔵を利用したレトロな喫茶店

黒漆喰仕上げの外壁に窓の赤
い扉がアクセント。「茶房 ひし
伊」の建物は、中央に土蔵、左
右に主屋と石蔵が並ぶ特徴的
なつくりになっている。もとも
と呉服店を営んでいた新潟県
出身の入村家が質屋に転業後、
1982年に喫茶店をオープンし、
数年後にアンティーク着物のお
店も始めた。主屋の入り口を入
って右側のお店にはアンティー
クの着物や雑貨がところ狭しと

並び、レトロなものが好きな人
にはたまらない空間だ。

左側の石蔵は喫茶店となって
おり、和洋折衷のインテリアが
落ち着く。軽食やスイーツ、飲
み物が楽しめるが、特に人気な
のが各種パフェ。ブルーハワイ
シロップの色彩が幻想的なひし
伊風パフェや、喫茶店の雰囲気
に合った和風パフェなど種類も
豊富なので、メニュー選びも楽
しい時間。

期間限定の「ほ
うじ茶パフェ」。

竣工 1921年（石蔵）、1905年（主屋と土蔵）　設計 不詳
📍函館市宝来町9-4　🚋市電「宝来町」徒歩約2分　🕙10:00〜18:00 (L.O.17:30)

HAKODATE　もともと 2 階建だった建物を一部吹き抜けにしたことで開放感が生まれている。

|MAP| 055

函館市立弥生小学校

HAKODATE 弥生小学校の館内に見える旧昇降口前の外壁は旧校舎のまま残した。

浮遊感のある昭和モダンな空間

船をイメージさせる円窓が可愛らしい。

HAKODATE 函館山を背景に。鳥のマークも旧校舎のものを再利用している。

(1)

(2)

(1) レトロなオルガンは昭和初期のもの。(2) 地階ホールに連なる見事なアーチ。腰壁のピンク色も再現された。

1938年に市建築課（小南武一）の設計によって建築された、函館初の鉄筋コンクリート校舎。1997年まで使用されていたが老朽化により解体、旧校舎の雰囲気を再現しながら一部を保存、復元したものだ。クリーム色の外壁と装飾のないシンプルなデザインは遠くからでも目を引く。

旧弥生小学校の特徴でもあるアーチ型の梁は地階に再現され、市景観形成指定建築物となった職員玄関前の外壁は、表面だけ自立した形で保存。さらにもともとの木材を床や腰壁に貼ったり、一部建具も再利用するなど、

かつて愛された小学校の記憶を後世に残すための努力があちこちに見られる。地階に再現されたアーチ梁の空間には、卒業生や以前の職員による絵画が展示され、弥生小学校の長い歴史を伝えるメモリアルホールとなっている。

旧校舎のモザイク画。よく見ると昔の子ども達の集合写真などが使われている。

来客用の玄関にある花柄のモザイクタイルも、旧校舎にあったもの。

竣工 2011年　設計 二本柳慶一建築研究所（保存、復元）

📍 函館市弥生町4-1　🚋 市電「大町」徒歩約5分　● 外観のみ見学可　　資料提供：二本柳慶一建築研究所

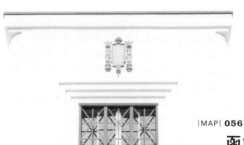

|MAP| **056**

函館市公民館

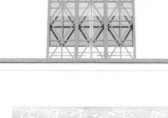

ファサードの中央部を立ち上げたモダンなデザイン。

(1) (2)

公民館のイメージを覆す、優美な白亜の建物

護国神社坂の途中に、上品な雰囲気を醸し出す白い建物がある。函館の経済人だった石館友作が青年活動に関心をもち、敷地や工事費など当時で10万円相当を函館市に寄付し、函館市青年会館として建てられたものだ。その後、函館地方裁判所の庁舎、戦後は占領軍に一時接収されるなどの変遷を経て、1947年に函館市公民館として開館。

耐震補強やバリアフリーのための工事を重ねたが、玄関のステンドグラスや講堂内の装飾、照明などは当時の面影を残す。隣接の事務所棟にある旧石館氏住居の一部は「石館ホール」と

して公開され、レトロなシャンデリアや調度品を鑑賞できる。1、2階合わせて282席の講堂ではコンサートなどが行われ、今も函館市民の文化活動の拠点として大切に使われている。

(1) 講堂の扉についた窓は鍵穴のようなユニークな形をしている。(2) 玄関欄間のステンドグラス。

石館ホールの天井にあるレトロな照明。

上手側の舞台裏へと通じる、重厚感のある扉。

竣工 1933年　設計 市建築課（小南武一）
📍 函館市青柳町12-17　🚋 市電「宝来町」徒歩約2分　🕘 9:00～21:00（月、祝、年末年始休）

|MAP|
057

旧函館博物館1号、2号

新緑に白壁が映える1号の入口。

(1) (2)

函館公園の緑の中に佇む、明治期の博物館

緑あふれる函館公園内に、2つの白い木造洋館が少し離れて建っている。ともに明治期の博物館として貴重な建物だ。中央玄関の切妻部に開拓使の五陵星が刻まれているものが1号。現存する日本最古の博物館で、珍しい動植物標本の展示や、開拓使が製造した商品の見本陳列を行っていた。

一方、2号は開拓使の廃止後、開拓使東京出張所の陳列品を函館に移すために建てられた。1号に比べて装飾が多く、玄関にはコリント様式風の装飾柱、玄関上部には唐草風の浮き彫り、扉や窓の上部はアーチ状になっ

ていて華やかな印象を与える。当時は玄関正面のアーチと柱はブルー、窓枠は黄色、軒飾りは白に塗られた色彩豊かな建物だったそうで、当時はとてもモダンな建物として人々の目に映ったことだろう。

竣工 1879年（1号）
　　　1884年（2号）
設計 開拓使函館支庁
　　（1号）、函館県（2号）
📍 函館市青柳町17-
　　4（2号）、5（1号）
🚃 市電「青柳町」
　　徒歩約7分
❶ 外観のみ見学可
＊団体の場合は事前予約により一部見学可。博物館本館開館日に連絡のこと。

玄関を正面右側に寄せた2号の建物。

連続するアーチ窓に蔦が絡まる。

|MAP| **058**

函館市
旧イギリス領事館

竣工 1913年　設計 イギリス
政府工務省上海工事局
📍函館市元町33-14
🚃市電「末広町」徒歩約5分
🕐9:00〜19:00 ＊季節によ
り異なる（年末年始休）
💴大人300円、
　　学生・児童150円

（**1**）瓦屋根の
上には集合煙
突が。（**2**）庭に
はブロンズ製
の噴水がある。

（**1**）　　　　　　　（**2**）

初夏にはバラが咲き乱れる、コロニアルスタイルの館

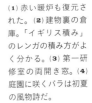

(1)　(2)
(3)　(4)

(1)赤い暖炉も復元された。(2)建物裏の倉庫。「イギリス積み」のレンガの積み方がよく分かる。(3)第一研修室の両開き窓。(4)庭園に咲くバラは初夏の風物詩だ。

　開港によって外国文化が入ってきた函館には世界各国の領事館が立ち並ぶが、旧イギリス領事館もその一つ。白い壁に青い屋根が印象的だが、この壁は煉瓦の長辺と小口を一列ずつ交互に積み上げていく「イギリス積み」のレンガ壁に漆喰を塗ったもの。イギリス政府の設計をもとに函館の職人によってつくられたため、イギリスの植民地に見られるコロニアルスタイルの建築に、瓦屋根や石垣など和風のデザインが融合しているのが面白い。

　1934年まで領事館として使用されたが、1992年に復元され開港記念館として一般公開がスタート。2009年に展示内容が一新され、現在は2階の各部屋や1階のカフェなどで当時の領事館の雰囲気を味わうことができる。

逆ハート型のくり抜きが可愛らしい、階段手すりの柱頭飾り。

館内のカフェ「ヴィクトリアンローズ」ではアフタヌーンティーなども楽しめる。

|MAP|
059

大正湯

大正湯

市の景観形成指定建築物になっている、左右対称の建物。

淡いピンク色が可愛らしい、洋風の銭湯建築

　男湯入り口の上部のアーチは、元は木でできていた。

(1)　(2)

映画のロケ地にも使われたこともある大正3年創業の大正湯は、銭湯では珍しい洋風建築だ。とはいえ三角形の切妻破風や1

階の引き戸など、和の要素も混じっている。現在の女将、小武典子さんの祖父である初代は元船大工。北洋漁業の船に乗ってロシアの建物をよく見ていたことから、友人の大工さんと図面を描いて洋風の建物をつくったのだそう。

中はほとんど当時のままだが、番台をかさ上げしたり、元は木だった浴場の壁を改修してタイルに変えたりと、時代に合わせて改修している。

普段は地元のお客さんが多いが、観光シーズンには外国人観光客も訪れ、常連さんが銭湯の作法を手ほどきするなど微笑ましい光景も見られるそうだ。

(1) ワイングラスのような柄のタイルがユニーク。
(2) 近所の幼稚園で使う予定だった大きなステンドグラスの一部。

番台には3代目の女将、小竹典子さんが座る。

今では珍しいお釜型ドライヤー。

竣工 1928年　設計 野村竹松　函館市弥生町14-9　市電「函館どつく前」徒歩約5分
15:00〜20:00（月金休）　大人450円、小人140円、幼児70円

|MAP|
060

函館市臨海研究所

道内最古の警察庁舎を忠実に再現

建物角部に曲面を描くファサードが印象的な建物は、元は1926年に函館水上警察庁舎として建てられたもの。1984年まで現役の警察署として使われていたが、解体後、復元され2007年に函館市臨海研究所としてオープンした。腰石など外壁の一部や階段は当時の部材を再利用し、元警察署らしい威厳のある建物を忠実に再現している。玄関両脇の太い4本の柱や縦長の窓など、垂直線を意識したデザインが特徴で、屋上の物見塔や外壁を飾るメダリオンが建物のアクセントとなっている。

内部は水産、海洋関連の研究施設となっている。一般客が研究の様子などを見学できる展示ホールもあるほか、当時のままのレトロな階段も必見だ。

竣工 2006年／設計 建築企画山内事務所・川嶋建築総合研究所による共同企業体
♦ 函館市大町13-1
🚃 市電「大町」徒歩約1分
🕘 9:00〜17:00（土日祝・年末年始休）

|MAP|
061

旧相馬家住宅

ガラス戸の入った縁側が巡らされており、部屋から和風庭園を望める。

重要文化財にも指定されている
北海道屈指の豪商の館

　元町公園のすぐ近くにある、黒塀で囲われた木造のお屋敷は、北海道屈指の豪商と言われた相馬哲平の住宅として建てられた。正面にむくり破風(はふ)の大きな玄関があり、右側にはモスグリーンの外壁の洋風応接間、左側には重厚感のある土蔵が並ぶ。

　洋室の外観は窓の額縁や角の柱に施された彫刻が美しく、内部は旧函館区公会堂とも共通した豪華な雰囲気だ。和室にも贅が尽くされ、主座敷の床の間には檜(ひのき)、黒壇、紫壇、欅(けやき)、杉などの高級木材が使用されている。大広間の縁側からは庭園と、その借景として港の景色を望むことができる。当時のままの窓ガラスにはわずかな凸凹があり、景色に変化がついて風情がある。

(**1**) 客人をもてなすために設けられた洋間。天井や壁の飾りも華やか。(**2**) 洋間の明り採りの窓。これだけ精巧なガラスは珍しい。(**3**) 透明緑色のウランガラスが用いられた扉の引き手。(**4**) 大広間の付書院。欄間には鳳凰の透かし彫りが見られる。障子の桟(さん)の繊細な図柄は見る角度によって印象が変わり、職人技が光る。

```
         (1)
        ─┼─
(2) │ (3)
        ─┼─
         (4)
```

竣工 1908年　設計 筒井与三郎
📍 函館市元町 33-2
🚋 市電「末広町」徒歩約5分
🕐 9:30 〜 17:00（水・木休）
＊季節により異なる。12月〜3月閉館
💰 一般 900円、高校生 500円、
　　中学生以下 300円

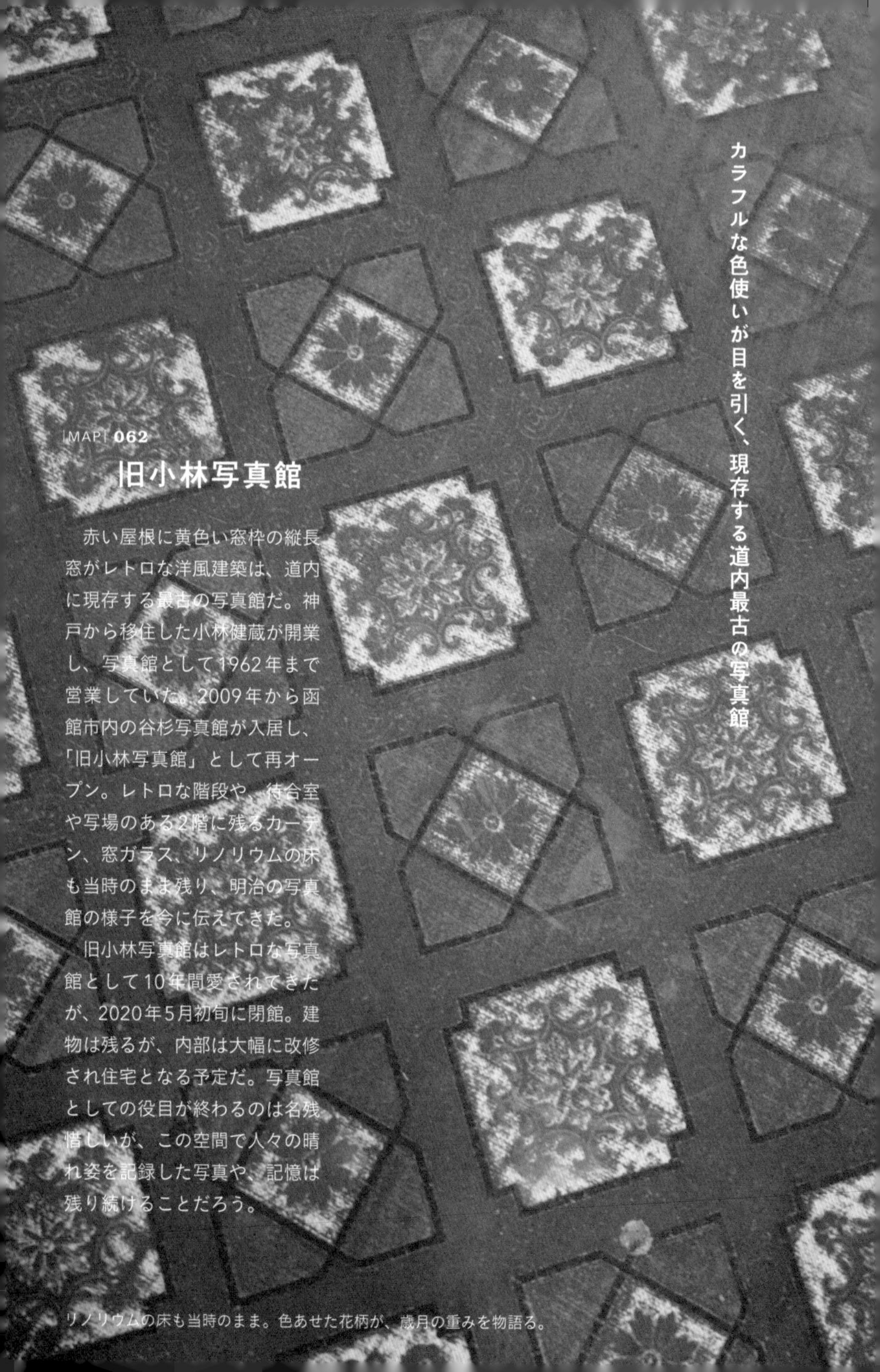

カラフルな色使いが目を引く、現存する道内最古の写真館

MAP 062

旧小林写真館

赤い屋根に黄色い窓枠の縦長窓がレトロな洋風建築は、道内に現存する最古の写真館だ。神戸から移住した小林健蔵が開業し、写真館として1962年まで営業していた。2009年から函館市内の谷杉写真館が入居し、「旧小林写真館」として再オープン。レトロな階段や、待合室や写場のある2階に残るカーテン、窓ガラス、リノリウムの床も当時のまま残り、明治の写真館の様子を今に伝えてきた。

旧小林写真館はレトロな写真館として10年間愛されてきたが、2020年5月初旬に閉館。建物は残るが、内部は大幅に改修され住宅となる予定だ。写真館としての役目が終わるのは名残惜しいが、この空間で人々の晴れ姿を記録した写真や、記憶は残り続けることだろう。

リノリウムの床も当時のまま。色あせた花柄が、歳月の重みを物語る。

(1)

(2)

(1) グリーンの下見板張りの建物はハイカラな雰囲気。(2) 窓ガラスやカーテンも当時のまま残っている。(3) 玄関入って右側にある、古写真の並ぶスペース。(4) 年月を経てきたことが感じられる、急勾配な階段。

(3)

(4)

竣工 1907年　設計 村木甚三郎
📍 函館市大町2-9　🚊 市電「大町」電停 下車　徒歩3分
＊ 2020年5月閉館。その後は外観のみ見学可。

|MAP|
063

旧ロシア領事館

ビザンチン様式と和風建築が融合

竣工 1908年
設計 リヒャルト・
　　 ゼール（独）
📍 函館市船見町17-3
🚋 市電「大町」
　　徒歩約12分
＊外観のみ見学可

　赤レンガの外壁と白い漆喰部分が見せるコントラストが美しい旧ロシア領事館。1858年に初代駐日ロシア領事ゴスケヴィッチは実行寺を仮領事館とし、1860年に現在のハリストス正教会の敷地内に領事館を構えたが火災で焼失。日露戦争後の1908年に現在の建物が完成した。ロシア革命後にソ連領事館となったが、閉鎖後、函館市が外務省から購入し、1965年か

ら1996年までは函館市の青少年宿泊研修施設として利用されていた。

　2階にはハーフティンバー風の装飾や軒蛇腹＊が設けられており華やかだ。玄関上部にある和風の唐破風や、両脇柱上に見られるビザンチン様式の柱頭など、ロシア風建築と和風建築の融合が面白い。

＊建物の軒に帯状に取り付けた突出部分。

|MAP| 064

旧函館区公会堂

パステルカラーが映える
元町のランドマーク

基坂の高台に建つブルーグレーとイエローの外壁が爽やかな洋館は、国の重要文化財にも指定された旧函館区公会堂。建築費の大半は豪商相馬哲平の寄付によるものだ。1911年の皇太子（後の大正天皇）行啓の際に、2階の貴賓室が整備され宿泊所とされた。

コロニアルスタイルの建物だが、柱頭飾りや彫溝*のデザインは和風で、正面両側の破風飾りも唐草模様を取り入れるな

ど、和洋折衷のデザインとなっている。

館内も豪華なシャンデリアのある大広間や、タイルや壁紙等がアール・ヌーヴォーに統一された意匠が美しい貴賓室など、見どころが多い。2階のバルコニーからは港と坂が一体となった函館の街並みが一望できる。

(1) (2)

（1）木漏れ日が優しく差し込む縁側。
（2）かつて舞踏会が開かれ、現在はコンサートなどが行われる大広間。

＊柱の周りに垂直に刻まれた溝。

竣工 1910年　設計 函館区（小西朝次郎）　♀函館市元町11-13
🚃市電「末広町」徒歩約7分　＊保存修理工事のため、2021年4月まで休館予定

|MAP|
065

相馬株式会社

　基坂の下、市電の路線沿いに建つモスグリーンの建物は相馬株式会社の社屋だ。明治後半、この辺りは金融街で、函館の経済の中心地だった。同社は1863年に初代の相馬哲平が米穀商「相馬商店」として開業し、海産商、不動産業と商売の幅を広げた。

　道路に面した南側と東側に異なるデザインの入り口を設け、その屋根にペディメント[*1]を付けている。窓も凝ったデザインで、1階には三角形のペディメントの付いた上げ下げ窓が、2階にはパラディアン窓[*2]があり華やかな雰囲気。瓦葺きの大屋根に付けられた円形、矩形の屋根窓も良いアクセントだ。モスグリーンの落ち着いた色合いが、建物の魅力をより一層引き立てている。

モスグリーンの外壁が印象的な、ルネサンス風の木造建築

[*1] 入り口や窓の上部につけられる、三角形や円弧型の切妻破風。

[*2] 上枠を半円形とした窓に、両袖窓を一体とした窓。

竣工 1914年　設計 筒井長左衛門

📍函館市大町9-1　🚃市電「末広町」徒歩約2分　＊外観のみ見学可

|MAP| 066

中華会館

建築当初の姿を残す
関帝廟形式の建物

　開港の古い歴史をもつ函館には異国情緒あふれる建物が数多くあるが、その中でも特に異彩を放っているのが、東坂を登る途中の左手にある「中華会館」。重厚感のある1枚半積みのレンガの外壁はが目印だ。外観の見どころは、中国風の意匠の深緑色をした陶製の面格子や白い扉。屋根の上のアクセントとなっているのは、火除けの願いをこめて設置された正吻という 鯱 に似た棟飾りだ。

　中国から大工、彫刻師、漆工を招き、レンガ、漆、祭壇なども中国から取り寄せ、関帝廟形式の集会所として建てられた。関帝廟とは三国時代の武将、関羽を祀る聖所で、中国では民間信仰の対象となっている。

(1)
(2)

竣工 1910年　設計 朱英表（浙江省）
📍 函館市大町1-12
🚃 市電「大町」徒歩約5分
＊外観のみ見学可

(1) 赤レンガの外壁に、白い扉が映える。
(2) 蔦に覆われた姿も趣がある。

|MAP| 067

お菓子を選びながら、四季折々の公園が眺められる。

六花亭 五稜郭店

桜の木々を借景にお菓子を楽しめる空間

　五稜郭公園のすぐ隣にある六花亭五稜郭店の建物は、まずアプローチが面白い。道路から駐車場を通り、お店の入り口に着くまでヒバの木がまるで壁のように並び、その木々の間を縫って折り返すように歩くと六花亭の看板が見えてくる。

　店の中に一歩足を踏み入れると、公園に面した壁一面のガラス窓から、大迫力の桜の木々が目に飛び込んでくる。春の満開の桜はもちろん、秋の紅葉や水墨画のような冬景色など、移ろいゆく季節の景色を楽しめる空間だ。

　公園の景色を背にしてお菓子の対面販売が行われ、喫茶室ではお茶とともに六花亭のお菓子が味わえる。直営店にしかないお菓子をお土産に選ぶのも良いし、五稜郭公園散策の合間に喫茶室でゆっくり過ごすのもおすすめだ。

背の高いヒバの通路を進むと出迎えてくれる、ブロンズの犬。

竣工 2004年　設計 高市 都市・建築・デザイン

📍 函館市五稜郭町27-6　🚋 市電「五稜郭公園前」徒歩約15分　🕘 9:30〜18:00（季節により変動あり）

|MAP|
068

北海道立函館美術館

幾何学的なデザインの外観がユニークな美術館

帆船の大きく膨らんだ帆をイメージさせる外観は、港町・函館にふさわしい。美術館入り口の大きなアーチの下にはフランスの近代彫刻家、エミール＝アントワーヌ・ブールデルの彫刻作品「自由」が訪れる人々を迎え入れる。

エントランスポーチを抜け、コンコースを通ると、モダンなドーム型の天井のあるホールに出る。ここではワークショップなど展覧会に関するイベントが行われている。

常設展示室には道南ゆかりの作家の作品や「文字、記号」に関わる現代美術の作品を展示するほか、美術館の内外にはロダン、ルノワールなど西洋の近代彫刻が置かれている。また、松前町出身の書家、金子鷗亭を中心とした日本の書や、中国や朝鮮の書、絵画、陶器などの東洋美術を歐亭展示室で展示する。

(1) **(2)**

(1) モダンで斬新な外観はそれ自体がアートのよう。
(2) ダイナミックなドーム型の天井をもつホール。

竣工 1986年
設計 開発コンサル・
　　　山下・澄・はいや
設計共同企業体
📍 函館市五稜郭町37-6
🚃 市電「五稜郭公園前」
　　徒歩約7分
🕘 9:30〜17:00（月休）

| MAP | 069

CAFE
5 Café & Deli MARUSEN

北洋漁業の社屋ビルを改装したレトロモダンな空間

元々オフィスだった空間は、壁がはちみつ色に塗り替えられたことであたたかみのある雰囲気に。

昭和レトロな外観が興味を惹くビルは、北洋漁業最盛期に当時世界最大の漁業会社といわれた「日魯漁業」（現・マルハニチロホールディングス）が1932（昭和7）年に建てた建物。木田保造率いる木田組が建築を手がけたビルは、当時最先端の技術を使ったコンクリート建築で、天井中心飾りや入口付近のタイルなどは当時のものをそのまま残している。そんなモダンビルの1Fにあるカフェでは、天井の高い空間で開放感を感じながら、日中はガレットやフォーなどのランチ、日替わりのスイーツが味わえ、夜にはライブなどが行われることも。

📍函館市大手町5-10ニチロビル1F 🚋市電市役所前より徒歩約3分 🕙11:00〜22:00（火曜定休）

| MAP | **070**

CAFE
6

茶房 旧茶屋亭

大正ロマンを感じる、
和洋折衷のカフェ

カラフルなフルー
ツあんみつセット
は、桜の形の求肥
がポイント。

　函館には歴史的建造物を再利用した素敵なカフェが数多くあるけれど、函館らしいカフェとしてまず思い浮かぶのが旧茶屋亭だ。明治末期に海産商の店舗として建てられた和洋折衷様式の建物を残すため、1992年にカフェをオープン。各テーブルによってデザインの異なる椅子や、当時のまま残る窓のステンドグラスがモダンな雰囲気を醸し出す。スイーツのおすすめは季節によって果物が変わるフルーツあんみつセット。すっきりとした味わいの日本茶を飲みながら、まるで大正時代にトリップしたかのような時間を過ごすことができる。

📍函館市末広町14-29　🚃市電十字街より徒歩約2分
🕐11:30〜17:00、7月〜9月11:00〜17:00（木曜定休）

〈北の建築家〉
関根 要太郎

函館海産商同業協同組合事務所、旧亀井邸

モダンな函館の街並みをつくった建築家の一人

函館を初めて訪れたとき、「外国のような街並み」と感じる方も多いだろう。そんな函館の建物の中でもひときわ異彩を放つのが、本書で紹介している「函館海産商同業協同組合事務所 p141」と「旧亀井邸 p140」だ。どちらも異色の外観で、一度見たら忘れられない印象的なデザインだ。この2つの建物の設計者、関根要太郎は三橋建築事務所でセセッション※1のデザインに触れ、その後東京高等工業学校在学中にドイツ語圏の雑誌からも影響を受けた。

関根は埼玉県出身で、その出自に函館との接点はない。大学卒業後、不動貯金銀行（りそな銀行の前身）の店舗設計を手がける「日本建築株式会社」へ就職。当時不動銀行は全国各地に支店を広げており、店舗設計の主任だった関根は、日本各地へ赴く一環で函館を訪れていた。その際に手がけた函館支店（1935年前後に解体）をきっかけに、函館での代表作ともいえる「海産商同業協同組合事務所」を設計。この建物が函館の政財界人の間で好評となり、この地で数多くの建築設計を依頼されることになった。「旧亀井邸」もその一つである。

ヨーロッパ風の関根の建築は、函館という異国情緒あふれる街だからこそ、その魅力がさらに引き立つ。彼が函館で才能を花開かせたのは、偶然ではなく必然だったのかもしれない。

PROFILE

1889年埼玉県生まれ。三橋四郎建築事務所勤務の後、東京高等工業学校（現東京工大）の選科生として編入し卒業。1920年に関根要太郎建築事務所を開設。ユーゲントシュティールや表現主義※2に影響を受けたデザインを用いて、全国で銀行建築をはじめ多数の作品を手がけた。

＊1　セセッション（分離派）：19世紀末、ウィーンで創設された芸術団体。伝統にとらわれない新時代の造形表現を追求し、ヨーゼフ・ホフマン、オットー・ワーグナーらの建築家も多数参加した。

＊2　20世紀初頭、ドイツを中心に興った芸術運動。内面の主観的な表現に主眼をおくことを特徴とした。

主な参考文献

「札幌の建築探訪」
角 幸博監修、北海道近代建築研究会
北海道新聞社

「北の建物散歩」
越野 武、北大建築史研究室
北海道新聞社

「総覧 日本の建築 北海道・東北」
新建築社

「小樽の建築探訪」
小樽再生フォーラム
北海道新聞社

「小樽歴史探訪」
小野洋一郎
共同文化社

「小樽市の歴史的建造物」
日本建築学会北海道支部
小樽市教育委員会

「函館市史 都市・住文化編」
函館市史編さん室 編
函館市

「函館の建築探訪」
角 幸博監修 函館建築研究会・函館の
歴史的風土を守る会 編
北海道新聞社

「建築家の清廉 上遠野徹と北のモダニズム」
上遠野徹、上遠野徹と漸進する会
建築ジャーナル

「田上義也と札幌モダン」
井内 佳津恵
北海道新聞社

資料提供：
特定非営利活動法人歴史的地域資産研究機構

取材協力：飯塚理恵

写真クレジット 佑季：
p084-085、124-125、p188-189、p183

北海道建築さんぽ

HOKKAIDO
ARCHITECTURAL
WALKS

★

札幌、小樽、函館

2020年9月9日　初版第1刷発行

文＝佑季　写真＝浜田啓子

発行者＝澤井聖一
発行所＝株式会社エクスナレッジ
〒106-0032
東京都港区六本木7-2-26
http://www.xknowledge.co.jp/

問い合わせ先
編集：Tel 03-3403-5898
Fax 03-3403-0582
info@xknowledge.co.jp
販売：Tel 03-3403-1321
Fax 03-3403-1829

文：佑季（Yuuki）

東京都出身。東京理科大学工学部建築学
科卒。東京藝術大学大学院美術研究科に
て建築を専攻。国内外の芸術祭や映画祭
で和の素材を用いたパフォーマンス、映像
作品を発表。フォトエッセイ執筆、モデル、
ラジオDJとしても活動。著書に『空間が美
しい札幌のカフェ』（マイナビ出版）がある。

写真：浜田 啓子

東京都在住。1984年　大阪府生まれ。ス
タジオ勤務のち、写真家 上田義彦氏に師事。
2015年 写真家として独立。